Samuel Wilhelm Oetter

Erläuterung einer Münze von dem Erzbischof zu Köln Piligrim

Samuel Wilhelm Oetter

Erläuterung einer Münze von dem Erzbischof zu Köln Piligrim

ISBN/EAN: 9783744672702

Hergestellt in Europa, USA, Kanada, Australien, Japan

Cover: Foto ©ninafisch / pixelio.de

Weitere Bücher finden Sie auf **www.hansebooks.com**

Verlags-Catalogus

der

Christoph Weigel- und Schneiderischen Kunst- und Buchhandlung in Nürnberg.

In Folio.

d' Anville große Karten von der alten Geographie, im größten Landkartenformat.
Beerin, Amalia, Neh- und Stickbuch, quer Folio, mit 50. Kupfern.
Deckers, Paul, Civil-Baukunst, 1ter Theil, handelt von Aufreißung der fünf Säulen, Real Fol. mit 20. Kupfern.
ejusdem, zweyter Theil, von Portalen, Grabmahlen und Meublirung der Zimmer, Real Fol. mit 20 Kupfern.
ejusdem, dritter Theil, von unterschiedlichen Gebäuden, Real Fol. mit 20 Kupf.
Dieterlein, Wendel, von Austheilung, Symmetrie und Proportion der 5 Säulen und aller daraus folgenden Kunstarbeit, gr. Fol. mit 209 Kupf.
Doppelmayer, Prof. Joh. Gabr. Anweisung zu Sonnenuhren, Real Fol. mit 20 Kupfern.
Dupain, Wissenschaft des Schattens, Real Fol. mit 18 Kupfern.
Fäschens, Joh. Rud. Kön. Pohl. und Chursächsischen Ingenieur-Obristen seiner Architectonischen Werke andern Versuchs, erster Theil, von bürgerlichen Gebäuden, quer Real Fol. mit 27 Kupfern.
— — zweyter Theil, von Militair-Gebäuden in Festungen, quer Real Fol. mit 27 Kupfern.
— — dritter Theil, Stadtthore, Corps des Gardes und Invalidenhäuser, quer Real Fol. mit 27 Kupf.
— — vierter Theil, von Militair-Gebäuden an Festungen, quer Real Fol. mit 27 Kupf.
— — fünfter Theil, von prächtigen Lust- und Gartenhäusern, quer Real Fol. mit 27 Kupf.
— — Principia fortificationis, quer Real Fol. mit 33 Kupf.
Habrechts, Isaac, Globii zum Aufziehen, 6 Bogen, schwarz und illuminirt.
Helmin, Marg. Nehbuch, 3. Theile, quer Fol. jeder Theil 52 Kupf.
Hemmin, M. Brodier und Stickbuch, quer Fol. 46 Kupf.
Horst, Tilemann van der, Treppenbuch, 30 ganze Bogen Kupf.
Nehbuchs, erster und zweiter Theil, Marseille-Genehe, 30 Kupfer.
Nehbuchs, erste Ausgabe, 9. Kupfer.
Pachhelbels, Hier. Wilh. neucomponirte Fugen, 10. Kupf.
Prospecte, Nürnbergische, erster und zweyter Theil, 25 Kupf.

Prospecte,

Prospecte vier Blat ausser der Stadt.
Schramms, Sänften-Werk, 18 Kupf.
Sängers, J. J. Architect-Risse, zu allerley Pracht-Gebäuden mit denen Grundrissen, Real Fol. 16 Kupf.
Schüblers, J. J. Pes picturae,] oder Perspectiv, erster Theil, 25 Kupf.
— — zweyter Theil, worinnen vom Sonnen und Flammenlicht, Vertical und Horizontal, Perspectiv, Longimetrie, Optic und Armorphorischen Figuren-Unterweisung giebt, 25 Kupf.
— — Unterricht der vollständigen Säulen-Ordnung, 1r Thl. Fol. 22 Kupf.
— — zweyter Theil, worinnen sechs Portale nach den Säulenordnungen, mit ihren Profilen und Gesimsen, nebst einem Anhang von Kutschen, Jagd-Chaisen, Sänften und Schlitten, Fol. 18. Kupf.
— — Unterweisung der Zimmermannskunst, der Antiquen und modernen Dächer ꝛc. Fol. 44. Kupf. 1781.
— — Weitere Fortsetzung, neuinventirte Lucarnen oder grosse Kappfenster, Fol. 12 Kupf.
— — Holz ersparende Stuben-Oefen, 25 Kupf.
— — Repositoria, Comtoirs und Medaillen Schränke, 12 Kupf.
— — Synopsis Architecturae, 12 Kupf.
— — ejusdem, erste Continuation, 12 Kupf.
— — ejusdem, zweyte Continuation, 12 Kupf.
— — ejusdem, dritte Continuation, 12 Kupf.
— — ejusdem, vierte Continuation, 12 Kupf.
— — Ingenieur Perspectiv, erster Theil, 35 Kupf.
— — Erfindungskunst, 36 Kupf.
— — Lusthäuser und Vogelbauer, 18 Kupf.
— — Antiquitäten von Nimes, 8 Kupf.
Stettners, Dan. treu anweisender Ingenieur, getuscht und schwarz 23 Kupf. 782.
Strickbüchlein, erster Theil, 10 Kupf.
— — zweyter Theil, 11 Kupf.
— — dritter Theil, 12 Kupf.

Musicalien.

Bachs Clavierübung, zweyter Theil.
Divertimenti erster und zweyter Theil, jeder Theil 13 Blätter.
Sonatinen, 13 Blätter.
Neues Modelbüchlein.
Fleischers Clavier, 10 Blätter.
Harpa Solo, 4 Blätter.
Theatrum, in Vorstellung eines prächtigen Saal- und Zimmers- und Wald- mit einem Frontispitium.

In Quarto.

Belidor, Bombardier, erster Theil, 2 Kupfer.
— — — — zweyter Theil, 6 Kupf.

Brun,

Brun, des Herrn le, Discours über die Ausdrückung der Affecten, 22 Kupf.
Centifol Stultorum, oder hundert ausbündige Narren, 100. Kupf.
— — — oder hundert ausbündige Närrinnen, 100. Kupf.
le Clerc, Sebast. Civilbaukunst, erster Theil, 78 Kupf.
— — — — — — — zweyter Theil, 100 Kupf. 1781.
Eben dieses Französisch, 183 Kupf.
Gedanken Muster, worinn allerley Emblematische Figuren in viererley Sprachen vorgestellet werden, 43 Kupf.
Fäschens, Joh. Rud. K. P. und Churf. Säch. Ingen. Majors, fortificirtes Europa, in 100 Italienischen Festungen, 100 Kupf.
— — — Vignola, neue Auflage, 51 Kupf.
— — — erster Versuch seiner Architectonischen Werke in Verzierung der der Fenster, 1r 2r und 3r Theil, jeder Theil 100 Kupf.
— — — vierter Theil, zu Aufreisung der Portale, 51 Kupf. 1781.
— — — fünfter Theil, von Schorsteinen, Kappfenstern und genannten Ochsenaugen, 100 Kupf.
Günthers Anweisung zur Pastellmahlerey
Hire, de la, Astronomische Tabellen, 16 Kupfer.
Laireſſe, Gerh. de, Grundlegung der Zeichenkunst, mit Kupfern, 1780.
— — grosses Mahlerbuch, erster Theil, 15 Kupf.
— — des grossen Mahlerbuchs, ersten Th. erste Continuat. 8 Kupf.
— — des grossen Mahlerbuchs, ersten Th. zweyte Cont. 27 Kupf.
— — grosses Mahlerbuch, zweyter Theil, 15 Kupf.
Sinnbilder-Cabinet, in 1000. Emblematischen Figuren, roh und gebunden.
Sinnbildkunst, in 400 Emblematischen Figuren, 26 Kupf.
da Vinci, Leon. Tractat von der Mahlerey, aus dem Ital. und Franz. 28 Kupf.
Stettners, Dan. Säulen, 6 berühmter Baumeister, 52 Kupf. 1780.
im Feld victorisirende Festung, 8 Kupf.
Strickbüchlein, 8. Kupfer.
Zierlich webende Minerva, oder neuerfundenes Kunst und Bildbuch der Weber- und Zeichner-Arbeit, 46 Kupf.
Zinkens, Paul Christ. Verzierung der Fenster, 31 Kupf.
Wollenzeuchmacherkunst mit eilf Kupfertafeln, 1782.

In Octavo.

Almanach für Kinder auf das Jahr 1782—87 mit 12 Kupfertafeln.
Atlas Portatilis Cosm. oder compendieuse Beschreibung der ganzen Welt, mit 31 Charten, roh und gebunden, 1780.
Atlas Portatilis Germaniae, oder compendieuse Beschreibung Deutschlandes, mit 37 Charten, roh und gebunden, 1780.
Atlas Portatilis Coelestis, von Joh. Leonh. Rost, mit 38 Kupf. roh und gebunden, 1780.
Antiqua Geographia, von d'Anville in zehn Charten, latein. und deutsch, roh und gebunden.
Bibliothek der neuesten Reisebeschreibungen, 11 Bände mit Kupfern 1787.

Bib-

Bilder-Jesus-Sprach, illum. und schwarz, gebunden, 28 Kupf.
Danziger Beschreibung, mit 11. Charten.
Dupain, Science des Ombres, Franz. 1780.
Feuerleins, Leben und Leiden Jesu, mit 63. Kupfern.
Herzensspiegel, durchgehends mit Kupf.
Kraußens, M. Geo. Seb. erbauliches Exempelbüchlein, 23 Kupf. roh und geb.
Lustweg, neu erfundener, wie die liebe Jugend das A. B. C. auf leichte Art zu lernen, mit einem Syllabier- und Wörterbuch. Zu den Latein. auch mit den französischen Wörtern vermehrt, geb. schwarz und illum. 100 Kupf.
Namenbüchlein, kleines, gebunden auch illuminirt, 28 Kupf.
Polnischer Wegweiser, mit 2 Charten.
Platzens, Georg Phil. Franz. A, B, C, ebenfalls geb. und illum. 53 Kupf. 1781.
Schmidts, Joh. Andr. Fechtkunst, mit eingedruckten Kupfern, 1780.
Schüblers, J. J. Sonnen-Uhrkunst, mit einem kurzen Anhang al fresco zu mahlen, mit 43 Kupfern, 1778.
Syllabier-Büchlein, gebunden und illuminirt.
Danville Handbuch der alten Erdbeschreibung oder Atlas Antiquus, mit Charten, latein. und deutsch, 1781 82.
Lutz Anleitung Thermometer zu verfertigen mit 1 Kupf. 1781.
Samlung von 13 Silhouetten der berühmtesten Pädagogen unsrer Zeit. 1781.
Spiegel, der goldene, vier Lieferungen in 100 Kupfern vorgestellt, 1784.
Spruchbüchlein, worinnen vier Haupt- und Kernsprüche auf alle Sonn- und Festtage.

In Duodecimo.

Paritii, Geo. Heinr. vierfach hurtiger Rechen-Knecht, lang 12.
— — — Mercatorischer Rechner.
— — — Gewicht- und Getraid-Rechner.
Nürnberger-Trachten in Futteral, schwarz und illuminirt.

Neue Verlagsbücher.

D. Köhlers historische Münzbelustigungen, 1. 2. 3. 4r Theil, mit Kupf. 4. à 2 Thl.
— — dessen vollständiges Register über alle 22 Theile, 2 Bände, 4.
— — dessen Gedächtnißhülfliche Bilderlust, mit Kupf. Fol. à 4 Thl.
— — dessen Schul- und Reiseatlas von 25 Karten, à 2 Thl.
— — desgleichen von 30 Karten. à 2 Thl. 8 gr.

D. Köh-

D. Köhlers Schul- und Reiseatlas von 42 Karten. à 3 Thl. 8 gr.
— — desgleichen von 51 Karten à 4 Thl.
— — desgleichen von 60 Karten. à 4 Thl. 16 gr.
— — dessen großer Atlas in 150 Karten complet, à 10 Thl. ordin.
— — desgl. von 20 Karten. à 1 Thl. 12 gr.
— — desgl. von 16 Karten. à 1 Thl. 4 gr.
— — desgl. von 7 Karten. à 12 gr.
— — dessen historischer Zeitungsatlas in etlichen 30 Karten, Wappen und Prospecten. à 2 Thl.
Der nemliche vermehrt in 58 Karten. à 5 Thl.
Bibliothek der neuesten Reisebeschreibung, 11r Band, gr. 8.
Abbildung des türkischen Hofes, mit Kupf. 4. à 2 Thl.
Oetters, Erläuterung einer raren Münze, 4. à 4 gr.
Siebenkees, von der Intestat-Erbfolge. à 12 gr.
Totts, (Bar. von) Nachrichten von den Türken und Tataren, mit Hrn. von von Peyssonels Verbesserung und Zusätzen, 2r und lezter Band, gr. 8.
Totts Nachrichten 1. und 2r Theil complet, gr. 8.
Volts, Beschreibung der gemeinnützigsten Künstler und Handwerker, oder dessen Unterhaltungen, 2r Band, mit Kupf. 8.
Bergbuch oder Abbildung aller Bergleute, mit Kupf. 4. à 1 Thl.
Specialkarte von Holland in 9 Blättern complet. à 2 Thl. 4 gr.
Generalkarte von Holland von Uz. à 4 gr.

A B C Buchstabier- und Lesebüchlein von J. P. Volt, 8. 6 Bogen 3 gr.
Almanach für Kinder und Kinderfreunde auf das Jahr 1786. 8. 6 gr. od. 30 kr.
d'Anville Handbuch der alten Erdbeschreibung, 2ten Bandes 2. bis 4s und 7. 8s Kap. von Armenien, Arabien rc. von D. P. D. Bruns, gr. 8. 8 gr.
— — dessen 9. bis 13s Kap. das den ersten Theil des zweyten Bandes beschließt, gr. 8.
— — dessen 1ter Theil, so 10. Kapitel enthält, kostet 1 Thlr. 8 gr. od. 2 fl.
— — dessen 1ten Theils 2ter Band, so das 11te bis 19te Kapitel oder Italien und Griechenland von Hrn. Kirchenrath Stroth enthält, mit einem Register über beyde Bände, gr. 8. kostet 1 Thlr. 8 gr. od. 2 fl.
— — Atlas antiquus in 12 großen Landkarten, komplet, 2 Thlr. 12 gr.
Atlas neuer Post- und Reiseatlas von Deutschland, bestehend in 33 sauber illum und gestochenen Kärtchen in Taschenformat, 1 Thlr. netto

Atlas

Atlas von der ganzen Welt für Schulen in 31 accuraten illum. Landkärtchen von Adam Friedr. Zürner, gr. 4. 1 Thlr. oder 1 fl. 30 kr.

Atlas von ganz Deutschland für Schulen in 37 accuraten illum. Landkärtchen, von ebendemselben, gr. 4. 1 Thlr. od. 1 fl. 30 kr.

Baumanns, M. E. ökonom. praktische Anleitung für das Landvolk, durch Anbauung der Futterkräuter und durch vortheilhafte Bearbeitung der Felder wohlhabend zu werden, 8. 1786.

Beitrag zu einer redenden Naturlehre und Physiognomik der Menschheit, m. K. 8.

Bibliothek der neuesten Reisebeschreibungen, 7ten Bandes 2ter Abschnitt, mit Kupf. und Prospekten, gr. 8.

Bilder ABC neues, und Sillabirspiel für kleine Kinder nach Campens Manier, bestehend in 36 sauber in Kupfer gestochenen Kartenblättern, davon 24 Stück die Buchstaben des Alphabets mit illum. Kupfern erklären, die übrigen 12 Stücke enthalten das große und kleine Alphabet und die Zahlen in einem Futteral, nebst einer Anweisung zum Gebrauch dieses Spiels, ingleichen Erzählungen und Fabeln dazu, 12 ggr. od. 48 kr.

Briefe, neuere, der Lady Marie Wortley Montagüe an verschiedene ihrer Freunde, ein Nachtrag zu den drey ersten Theilen ihrer Briefesammlung, 8 8 ggr. od. 36 kr.

Cooks, Jac. dritte und lezte Reise, nebst dessen Bildniß, und mit Kupf. gr. 8.

Doppelmaiers, Joh. Gabr. gründliche Anweisung große Sonnenuhren aller Arten und auf alle ebene Flächen zu verfertigen, nebst vielen Astronomischen Vorstellungen aus der Gnomik, arithmetisch und geometrisch beschrieben, mit vielen Kupfern, fol. 2 Thl. 12 ggr. od. 4 fl. 30 kr.

Dypticha Ecclesiae Norimb. d. i. Beschreibung von Nürnberg seit der Reformation, mit Kupfern, 4.

Fibel, oder Sillabirbüchlein mit 24 illum. Kupf. neue Auflage, 8. 6 ggr. od. 24 kr.

Gemälde, sittliche, guter und böser Kinder, oder Unterhaltungen des Vaters Paratier mit seinem Sohn Philipp, (der im 14ten Jahr zu Halle Professor ward) nebst einem Anhang von Originalbriefen, als ein Weinachtsgegeschenk für Kinder, 8. 6 gg. od. 30. kr.

Magazin, neues, vorzüglicher Predigten, welche bey besondern Vorfällen von noch lebenden Gottesgelehrten sind gehalten worden, (von Hr. Superint. Lang, Leß, Teller, Bundschuh, als eine Fortsetzung des Repertoriums) 8. oder desselben 13ter Theil, 10 ggr. od. 40 kr.

Erläuterung

einer sehr raren Münze,

von

dem Erzbischoffen zu Cöln, Piligrim,

um die Jahre 1024 - 1034.

Ich habe eben nicht nöthig bei meinen Lesern mich weitläuftig zu endschuldigen, warum ich gegenwärtige Abhandlung, in deutscher und nicht vielmehr in lateinischer Sprache verabfasset. Ich könnte so viele Gründe als dieienigen fürbringen, die, gleich auf den ersten Zeilen ihrer Schriften, mit einem grosen Geschrei, ausruffen: Jetzt werde ich deutsch schreiben. Doch, ich muß nur ein paar Ursachen anzeigen, und meine Leser werden sich damit begnügen lassen. Einmal habe ich hier denen, die der lateinischen Sprache nicht kundig, gleichwohl aber an der gleichen Abhandlungen ein Vergnügen finden, zu statten kommen wollen. Und dann, so hat ein fürnehmer, welchem ich etwas, von meiner unter Handen habenden Arbeit endbecket, mich besonders ersuchet, diese Arbeit in meiner Muttersprache zu verabfassen. Beiden habe ich hier ein Genügen leisten wollen. Mein Unternehmen wird also von den Lesern völlig endschuldiget seyn. Ist aber meine Endschuldigung zu unkräfftig, und meine Uberredung falsch: so weiß ich, daß ihre Gütigkeit allen Abgang ersetzen, und mich auch ohne Endschuldigung, endschuldigen werde. Und also werde ich für diesesmal deutsch schreiben. Der Vorwurff meiner gegenwärtigen Betrachtung wird auf eine überaus seltene Müntze gerichtet seyn. Der Abdruck davon ist auf dem Tittelblat befindlich. Ich nenne sie eine seltene Müntze. Und dieß in Absicht auf ihre Seltenheit selbst, und dann wegen der Seltenheiten, die auf selbiger für kommen. Diejenigen, welche sich in der Münzwissenschaft umgesehen, werden mir Beifall geben. Man lese Köhlern (a) Tenzeln, Oscar, Döderlein, Mosern, Leuckfeld, Liebknecht, Ludwig, Schlegeln, Schmidt, Luck, Zollmann, Seeländern, und andere, welche von Müntzen geschrieben, man wird dergleichen nicht finden.

Ich rede hier vom Erzbischöfflichen Münzen. Die unser Handen habende Münze kommet also von einem Erzbischoffen her, und ist vom feinsten Silber gepräget worden. Sehen wir andere Erzbischöffliche Münzen an, die im 12. 13ten und folgenden Jahrhunderten sind geschlagen worden, es mögen nun so genannte Blech oder dünne Münzen (bracteati) oder dicke Münzen (solidi) seyn, so finden wir, daß auf der Haupt-

(a) Bei welcher Gelegenheit ich bei dem berühmten Herrn Professor für das im zehenden Stück des 18ten Bandes seiner nie genug gepriesenen Münz-Belustigungen, gehabte Andenken, meinen gebührenden Dank abstatte.

Hauptseite der Bischoff der solche verfertigen lassen, entweder stehend, oder sitzend, entweder zwischen 2. Thürmen, oder auf einem Sessel, oder Bogen, oder gar reitend, welches aber selten und nur, so viel mir wissend, auf Erzbischöffl. Mainzischen fürkommt. (b) Hier aber siehet man von dem Bildnis des Erzbischoffs gar nichts. Auf andern Erzbischöfflichen Münzen ist der Name des Kaisers nicht anzutreffen: hier aber stehet er gar deutlich und mit ausdrücklichen Worten. (c) Der Herr Canzler von Ludwig schreibet in seinen Anmerckungen zur goldenen Bulle

(b) Siehe des Münzschazes mitlerer Zeiten, Abhandlung der Erzbischöfl. und Thurfürstl. Mainzischen Bracteaten, oder silbern alten Hohlmünzen, so dem Hochwürdigsten Fürsten und Herrn, Lothario Francisco, des H. Stuhls zu Mainz Erzbischoffen ꝛc. in unterthänigster Submission offeriret worden. Bei dieser sehr artigen Schrift befinden sich einige Bracteaten in Kupfer. Auf der zweiten Tafel kommen, gleich zu Anfang, drei Bischöffe zu Pferd für. Der Herr Verfasser von dieser Arbeit heisset Nicolaus Seeländer. Seine sämtliche Abhandlungen von den Münzen mittlerer Zeiten sind 1743. zu Hanover heraus gekommen. Dieses mus ich bei dieser Schrift, als etwas besonders, noch anmercken. Der Herr Seeländer hat diese Abhandlungen zu erst einzeln bekannt gemachet, und sie verschiedenen Herren zugeschrieben. Nachgehends hat er sie, wie gedacht, zusammen drucken lassen, und meldet er im Vorbericht, was ihm seine Dedicationes eingetragen. Besonders hält er dieses für merckwürdig anzumercken, daß ihm ein gewieser Kaufmann für eine Dedication einen species Ducaten, und, welches wohl zu mercken, zwei Zuckerhüthe zur Dankbarkeit gegeben hätte. Uberhaupt sehen wir daraus, daß der Herr Seeländer bei seinen Dedicationen, eine interessirte Absicht gehabt. Er nennet diejenigen, welche für seine Zuschrift nicht erkentlich gewesen, mit Namen, und giebt ihnen dadurch gleichsam einen Verweiß. Diejenigen also, denen Herr Seeländer künftig etwas zueignet, mögen sich bei ihm wohl einstellen, wenn sie anders nicht unter das Register der Undankbaren wollen gesezt werden.

(c) Joachim der zweite Churfürst zu Brandenburg hat Thaler schlagen lassen, wo auf der andern Seite der zweiköpfigte Reichs-Adler mit der Umschrift: Carol. V. imp. Aug. stehet. Siehe Herrn Köhlers Münzbelustigung 3. Theil im Vorbericht.

Bulle S. 901. daß von denen Erzfürsten (d) sich nicht ein einziges Exempel einiger Münze, weder in den lezten, noch in den ältesten Zeiten finde, in welchen etwas Kaiserliches an Namen, oder Wappen auf denen Münzen anzutreffen.

Könnten wir aus gesicherten Urkunden darthun, daß zu den Zeiten des Ertzbischoffs Piligrims, zu Cöln, die Erzfürsten bereits angeordnet worden: so hätten wir hier ein sehr deutliches Exempel. Allein, es ist solches ungewies. Ja, wir können mit Recht behaupten, daß man damalen

bericht. Von den Pfälzischen, Sächsischen und Brandenburgischen Münzen kann man noch viele dergleichen Exempel aufweisen; davon ich mich der Kürze halber auf Hofmanns Münzschlüssel, und Liliendals Thalerkabinet beruffen will. Hierbei mus ich erinnern, daß der Herr Professor im 6ten Theil und zwar in der Vorrede bei Recensirung der Ansbachischen Thaler einen vergessen, oder von ihm keine Nachricht gehabt. Es hat solchen Markgrav, Wilhelm Friderich, zu Ansbach schlagen lassen. Die erste Seite enthält dessen geharnischtes Brustbild, mit einer grosen Parücke, nebst den Worten: Wilhelmus Frid. D. G. March. Brandenb. Auf der andern Seite siehet man das Fürstl. Wappen, mit der Jahrzahl 1715. Unten stehen die Worte: Recte faciendo &c. welche Anmerckung der berühmte Herr Professor nicht ungeneigt vermercken wird. In Liliendals so genannten vollständigen Thalerkabinet ist diese Münze ebenfalls vergessen worden. Wir können also hieraus, und nicht unbillig, schlüsen, daß sich dieser Thaler mus ziemlich rar gemacht haben.

(d) Es kann seyn, daß der Herr Canzler von Ludwig durch die Ertzfürsten die grosen Herzogthümer Schwaben, Baiern, Sachsen, Franken und Lothringen verstehet. Wie dann aus solchen nicht allein die nachmaligen so betitelten Churfürsten, sondern auch die denenselben anklebende Erzämter, nicht minder andere anjezo noch vorzügliche Herzog und Fürstenthümer erwachsen, gestalten die Churfürsten im Namen der übrigen Stände und Fürsten, welche ehedeme ohnmittelbar zu einer König oder Kaiserswahl das ihrige beigetragen, im 13. Saec. ihr Wahlamt ex consensu & prætaxatione principum, daß ich so rede, nach dem Zeugnis Alberti Stadens. mithin aus bloser Übertragung vollführet haben.

malen von den Erzfürsten noch nichts gewust. Es giebt zwar einige, welche ihren Ursprung in das zehende Jahrhundert, bei Kaiser Otto, dem dritten, und Christian Gebold (e) ein Bairischer Schriftsteller, in die Zeiten Kaiser Friedrichs, des roth-bärtigen sezen: sie können aber solches nicht hinlänglich beweisen. Man kann schon aus dem Wahlgeschäfte Kaiser, Conrad des zweiten abnehmen, daß dazumalen noch keine Erzfürsten gewesen.

Der bekannte Wippo sagt, daß bei dieser Wahl die Duces (f) gekommen, und ihre Truppen mitgebracht hätten. Dieses wäre nun nicht nöthig gewesen, wenn man damalen schon Churfürsten gehabt hätte. Und schon bei der Wahl Kaiser, Heinrichs des zweiten, hat sich ein gleiches gezeiget. Dieses können wir mit gröserer Gewiesheit, und aus unverwerfflichen Gründen darthun, daß das Erzbischöffliche Collegium im 13ten Jahrhundert, vor dem Kaiser Rudolph angeordnet worden. (g) So viel aber ist gewies, daß die Erzbischöffe, zu Mainz und Cöln, bei den Kaiserwahlen damalen alles dasjenige verrichtet, was heutiges Tags die Erzfürsten thun.

Auf andern Bischöfflich und Erzbischöfflichen Münzen zeiget sich gemeiniglich auf der andern Seite eine ganze Stadt; hier aber ist nur ein Tempel zu sehen. Es erhellet also schon aus diesen die Seltenheit dieser Münze zur Genüge. Ehe ich aber in Betrachtung dieser alten Münze weiter gehe, mus ich zuvor meinen Lesern sagen, wo das Urbild davon anzu-

(e) In seiner Abhandlung, de septemuiratu c. 6.

(f) Ich behalte hier mit Fleis das lateinische Wort, weil unser deutsches Wort Herzog die wahre Bedeutung nicht recht ausdrücket. Siehe unsers berühmten Herrn Hofraths Gonne, Differt. de formula ducatus thuringici p. 6. §. VII. n. c. Eben desselben Differt. Iuridic. de feudo Gastaldiæ p. 9. §. VI. allwo belobter Herr Hofrath das Wort *Dux* nach seiner eigentlichen Bedeutung in den verschiedenen Zeiten und Ländern nach seiner Art, das ist, gründlich und gelehrt erläutert hat.

(g) Besehe hievon Herrn Köhlers Münzbelustigung 18. Theil S. 26.

anzütreffen. Ich habe demnach hiemit das Vergnügen zu eröffnen, daß solches in des Herrn Weihbischoffs zu Bamberg, Franz Josephs, Bischöffl. Gnaden, meines gnädigen Mäcenats, unschäzbaren Münzcabinet; aufbewahret wird, welches ich ohnlängstens in gedachten Bamberg einzusehen, das Glück hatte. Daher ich nicht umhin kann, hochgedacht Ihro Bischöfl. Gnaden dafür, als auch für die öftern gnädigen Zuschriften, hier öffentlich meinen unterthänigen Danck abzustatten. Meine Leser werden also den unendlichen Vorzug dieses Münzschazes, für andern, leicht einsehen. Es ist bekannt, daß man sich bishero äuserst bemühet, die seltensten Münzen aufzusuchen, und solche in Kupfer, nebst gelehrten Anmerckungen, der Welt mit zu theilen. Hochgedacht Ihro Bischöfl. Gnaden aber besitzen noch eine grose Anzahl von Deutschen, Römischen, Griechischen und Arabischen Münzen, die noch gänzlich unbekannt, und unter den raren die rarsten sind. Es erhellet also hieraus die Vortrefflichkeit, und der unendliche Vorzug dieses Münzkabinets für andern, zur Genüge. Die ganze gelehrte Welt hat es demnach mit mir zu wünschen, daß dieser grose Mäcenas, welcher wegen seiner weitläuftigen Gelehrsamkeit und grosen Verdiensten um unser Vaterland bekannt genug ist, und den der vor einiger Zeit in die Ewigkeit eingegangene grose Bischof zu Bamberg und Würzburg zu schätzen wuste, und bei den wichtigsten Staatsangelegenheiten zu Rathe zog, diese raren Münzen bekannt zu machen geruhen möge, weil dadurch noch manches dunkle in den Geschichten kann erläutert und beleuchtet werden. Und vielleicht wird dieser Wunsch erfüllet. Denn Ihro Bischöfl. Gnaden geruheten mir schon zum öfftern, mündlich und schriftlich, das gnädige Versprechen zu thun, die raresten Münzen, durch meine Wenigkeit bekannt machen zu lassen. (h) Wie ich dann schon verschiedene davon in meinen Händen habe.

Wir

(h) In einiger gnädigen Zuschrift vom 9. May lassen sich Ihro Bischöffliche Gnaden so vernehmen: „Wird die Ausarbeitung über diese Münze, wie ich nicht „zweifle wohl gerathen, kan hierinnen mit mehreren raren nummis, tum imperatoriis, quam episcopalibus aliisque Teutonicis, an Handen gehen.

Wir kommen ietzt wieder auf unsere Münze und wollen selbige etwas genauer betrachten. Es zeiget sich daselbst auf der Hauptseite, und zwar in der Mitte, durch eine so genannte decussaturam cruciformem, daß ich mich eines lateinischen Ausdrucks bediene, der Name des Erzbischoffs zu Cöln, PILIGRIM. Oben siehet man in der Umschrift, den Namen des damaligen Kaisers: CHVO -- VS IMP. Chuonradus imperator, nämlich **Conrad der zweite**, welcher von denen Schriftstellern *Salicus* genennet wird. Auf der andern Seite siehet man einen Tempel, nach Art der Fränkischen Münzen unter den Carolingen, oder nach den Sächsischen unter denen Ottonen, mit der Umschrift: SANCTA COLONIA. Und aus diesem erhellet, daß diese Münze ein nummus solidus oder ein so genannter Dickpfennig ist. Dieses kann man daraus abnehmen, weil diese Münze einen so genannten Revers hat. Wir machen also hieraus die gegründete und sichere Folgerung, daß dieienige Münze, welche einen Revers hat, ein nummus solidus ist. Zwar mögte mir iemand einwenden, und sagen, **Döderlein** und viele andere mit ihm, führen ja in ihren Münzbüchern verschiedene sogenante Bracteaten oder Hohlmünzen an, die einen Revers haben. Ich antworte hierauf, daß dieienigen Münzen, welche Döderlein und andere mit einem Revers vorgewiesen haben, keine Bracteaten, sondern nummi solidi tenues sind. Denn es giebt nummos solidos, die so dünn, als die Bracteaten sind. Das Hauptkennzeichen der Bracteaten ist also, wenn solche nur eine Hauptseite haben.

Ich gehe nun weiters. Und ehe ich hier mit wenigen die Frage erörtere, warum auf dieser Münze des Kaisers Name anzutreffen: so mus ich eine kurze historische Beschreibung von dem Kaiser **Conrad** so wohl, als dem Erzbischoffen **Piligrim**, voraus schicken. Besonders will ich einige merkwürdige Umstände berühren, welche unter diesem Kaiser fürgefallen sind. Das andere will ich mit Stillschweigen übergehen, weil die Geschichtbücher so häuffig damit angefüllet sind.

Um das Jahr und um den Tag, an welchem Kaiser Conrad gebohren worden, habe ich mich vergeblich bekümmert. So viel aber weiß ich, daß sein Vatter **Heinrich** oder **Hezilo**, Herzog in Franken war. Einige nennen ihn **Hermann**. Es ist aber dieses falsch. (i) Seine Mutter hies **Adelheid**. Diese vermählte sich, nach dem Tod ihres ersten Gemahls, mit Herrn Grav, **Hermann** von Hohenlohe, (k) mit welchem sie Grav **Gottfried** und **Eberhard**, andere setzen noch einige hinzu, erzeuget hat. (l) Es hat zwar ein gewieser fürnehmer Gönner, in einem Schreiben an mich, in Zweifel ziehen wollen, ob dieser Grav **Hermann** aus dem Hohenlohischen Haus gewesen: allein man kann aus gesicherten Beweisthümern darthun, daß sich dieses allerdings so verhalte. Ich will nur einen einzigen anführen. In dem alten Pergamentenen Stiftungs Obleybuch zu Oehringen, (m) dem man allerdings Glauben

(i) Siehe *Mirel. notit. ecclesiarum Belgii p. 146. Strauv. in origin. & elog. Hohenlok. p. 116. Kohler de familia augusta Francon. p. 10.*

(k) Ich habe in der Zuschrift zum dritten Stück meiner Sammlung verschiedener historischen Nachrichten, welche an des Herren Graven von Hohenlohe Kirchberg Excellenz ist unterthänigst gerichtet gewesen, gesaget, daß die Herrn Graven von Hohenlohe mit Kaiserl. Personen genau verwand gewesen; hier haben wir ein sehr deutliches Exempel. Bei welcher Gelegenheit ich nicht umhin kann höchst gedacht ihro Hochgräffl. Excellenz für die gnädigste Aufnahme gedachter Zueigung hier öffentlich meinen unterthänigsten Dank abzustatten.

(l) Siehe Herrn Köhlern an beregter Stelle p. 22. Herrn Consistorialis Wibels zu Oehringen Historisch Genealogische Nachricht von dem Geschlecht der Herren Grafen von Hohenlohe, absonderlich der vorlängst erloschenen Brauneckisch und Uffenheimischen Linie, welche in des Herrn Dechants Georgi belobten Uffenheimischen Nebenstunden 8. Stück S. 805. befindlich ist.

(m) Dieses habe ich der Gütigkeit meines werthen Gönners, des Herrn Consistorialis Wibels zu danken. Besiehe auch meine Sammlung verschiedener Nachrichten aus allen Theilen der Historischen Wissenschaften, drittes Stück S. 222. allwo belobter Herr Consistorialis eben dieses anführet.

den beimessen darf, wird nicht nur die **Adelheit** mit ihrem zweiten Gemahl, Grav **Hermann** und dem ältesten Graven von Hohenlohe, nach alter Art abgebildet, sondern auch im Monat Junii, am Tag Pauli, sein Jahrstags Begängnis mit diesen Worten angezeiget:

Hodie peragitur ante parochiam Speciale Anniuersarium cum vigiliis Missa defunctorum offertorio & aliis solempnitatibus Illustris ac Nobilis Domini *Hermanni* Comitis primi & principalis fundatoris hujus ecclesie qui *pro secundis nuptiis domine Regine Adelheide* fundatrici fuit desponsatus in maritum legitimum, & genuit ex ea tres filios- - - - Et sepultus est in Tumba, ante parochiam. Es mögte aber iemand einwenden, und sagen, weil der Name **Hohenlohe** nicht dabei stehet, so kann ja dieser Hermann aus einem andern Geschlecht gewesen seyn. Ich antworte, dergleichen Zunamen können die fürnehmsten Häuser in Deutschland, vom eilften Jahrhundert, nicht aufweisen. Damalen waren sie noch nicht gebräuchlich.

Es ist genug, daß man aus glaubwürdigen Stellen darthun kann, daß die Herren Graven von **Hohenlohe**, welcher Zuname schon im zwölften Jahrhundert in Urkunden fürkommt, in den ältesten Zeiten die ansehnliche Stadt Oehringen besessen, und des Stifts Territorial und Schirmherren, daß ich so rede, gewesen sind. Zu dem, so können auch keine ältere Besizer von dieser Stadt angegeben werden. Und wer da weis, wie ansehnlich, wie mächtig, damalen die Herrn Graven von Hohenlohe gewesen, der wird sich nicht verwundern, daß die **Adelheit** mit dem Grav **Hermann** von Hohenlohe, der ihrem ersten Gemahl gewieß nichts nach gegeben, sich vermählet hat. (n) Und also ist es gewieß,

(n) Es wäre zu wünschen, daß der Grundgelehrte gemeinschaftliche Hof und Archivrath zu Oehringen, Herr Christian Ernst Hanßelmann, mein hochgeneigter Gönner, seinen, mit dem Weltbekannten Italiänischen Geschichtschreiber, dem Herrn Muratoiro geführten gelehrten Briefwechsel bald bekannt machen mögte. Wir würden alsdann, welches wohl zu vermuthen, in den Begebenheiten des uralten Hohenlohischen Hauses, noch ein gröseres Licht bekommen.

gewieß, daß dieser Hermann, mit dem sich die Adelheid, die Mutter des Kaiser Conrads vermählet, ein Grav von Hohenlohe gewesen ist.

Hier mus ich einen Fehler bemerken, den Münster bey dieser Adelheit gemachet. Er schreibet in seiner so betitelten Cosmographia S. 404. sie hätte das Kloster Orient gestiftet. Es soll aber Oehringen heisen, welches Cuspianus bei dem Leben des Kaiser Conrads S. 263. zweimal Ooringau nennet. Diese Adelheid hat sich auch deswegen dahin begraben lassen. Auf ihrem Grab stehen diese Worte:

Hujus fundatrix templi jacet hic tumulata,
Conradi Regis Genetrix Adelheida vocata. (o)

Ich halte dafür, daß diese Grabschrift lang nach dem Tod der Adelheid verfertiget worden.

Wir kommen nun wieder auf den Kaiser Conrad. In seiner Jugend wurde er dem Bischoffen zu Worms, dem H. Burcard oder Brocard, wie ihn andere nennen, anvertrauet. (p) Und weil dieser Bischoff zu seiner Zeit einer der gelehrtesten Männer war: so wird er unsern Conrad in den schönen Wissenschaften, ohnfehlbar, weit gebracht haben. Mit ihm fangen sich die Fränkischen Kaiser an, welche biß auf Kaiser Heinrich dem fünften zu Anfang des zwölften Jahrhunderts dauerten. Im Jahr 1024. wurde er, als Herzog in Franken, zum Römischen Kaiser erwählet. Mit seiner Wahl hat es anfangs schwer gehalten, in dem seines Vatters Bruders Sohn, der eben auch Conrad hieß, ihm im Weg stunde.

(o) Der berühmte Herr Consistorialis Wibel wird von dem Leben und den Reliquiis dieser Adelheid nächstens eine umständlichere Nachricht ertheilen.

(p) Brusch im Catalog. Episcop. Wormat. p. 112. sagt so: Episcopus (Scil. Burcadus) longe doctissimus cum in sacrarum scripturarum mysteriis explicandis, tum in legum pericia, qui & ipse libros conscripsit de prudentia iuris, qui hodie adhuc extant in Wormatiensi Bibliotheca & a doctis commendatur. Fuit Pædagogus Imperatoris Conradi secundi, cui omnem vitam fuit charissimus.

stunde. Er drang aber doch durch. Und dieses durch Vermittlung des Erzbischoffs zu Mainz. Wippo meldet zwar den Ort nicht, wo die Wahl für sich gegangen, wenn wir aber andere Schriftsteller und ins besondere Hermanum contractum zu Rathe ziehen, so saget er, daß es zwischen Worms und Mainz geschehen, welcher Ort Campa (q) geheissen. Schlagen wir die besondere Charte von Worms auf, so treffen wir da den Ort noch an. Nach dem Bericht des Nauclers soll unser Kaiser **Conrad** von dem Erzbischoffen **Piligrim** zu Acken gesalbet und gekrönet worden seyn. Es ist aber dieses ein wichtiger Fehler. Und Beatus Rhenanus ist gleichfalls irrig dran, wenn er Lib. 2. Rerum Germanicarum p. 100. fürgiebet, der Erzbischoff zu Mainz habe diese Krönung zu Acken verrichtet. Man kann aus unverwerfflichen Stellen darthun, daß die Krönung des Kaiser **Conrads**, zu Mainz, von dem dasigen Erzbischoffen Aribo, fürgenommen worden. So schreibet Wippo (r) an beregter Stelle S. 427. Peracta electione *Regem sequi moguntiam*, ut ibi sacratissimam vnctionem acciperet, cum claritate maxima omnes properabant - - - ad quem benedicendum cum *Archiepiscopus moguntinensis* & omnis clerus solenniter se præpararent &c. Und hiemit stimmet auch das Chronicon Quedlinburg. ad annum 1024. überein. Es heiset daselbst: Conradus in regem eligitur, atque *a Moguntinæ Ecclesiæ archiepiscopo Aribone* unctus coronatur. Ja, so gar der bekannte Schatenius Part. I. Annal. Paderborn. L. V. p. 462. bestärcket solches, durch ein untrügliches Zeugnis eines dem Kloster Corvey an der Rur, im gedachten 1024. Jahr, ertheiltes diploma, welches den andern Tag, nach der Krönung des Käiser Conrads, nämlich am IV. Idus Septemb. ausgefertiget worden. Was aber den Erzbischoffen Piligrim zu Cöln betrift: so ist gewies, daß er die Kaiserin Gisala (s) in Cöln gekrönet hat:

(q) Sonst wird dieser Ort Cham, auch Camb genennet.

(r) Es ist zu bedauern, daß, da Wippo alles so genau beschrieben, er der Erzämter nicht gedacht hat.

(s) Bei dem Paul. Lang. monach. In Chron. Ziticens. beim Pistorio Tom. III. p. 1139. wird diese Kaiserin zweimal hinter einander Gisila und in Histor. Landgrav.

hat; welches mit gesicherten und bewährten Schriftstellen kann bestärket werden.

Hierauf lies sich unser Kaiser Conrad im Jahr 1027. von dem damaligen Pabst, Johann dem 17. nebst seiner Gemahlin zu Rom krönen. (t) Welcher feierlichen Handlung zwei Könige, nämlich Canut in Engelland, und Rudolph von Burgund beigewohnet haben. Und von dieser Zeit an nennet ihn Wippo einen Kaiser (imperatorem.) Nach seiner Krönung reisete er durch alle Provinzien Deutschlandes. Wippo sagt, er habe dieses nach Gewohnheit der Könige (more regum) gethan. Dieses war ein besonders Geheimnis der Könige. Einmal wollten sie einem Ort, mit ihrer beständigen Gegenwart, nicht beschwerlich fallen: und dann thaten sie dieses deswillen, damit sie ihre Provinzien desto besser im Zaum halten, und dadurch verwehren mögten, daß die Herzoge, (duces) nicht um sich grieffen. Dieses herumreisen dauerte bis auf die Zeiten Kaiser Ludwig des Baiern. Dieser konnte es nicht nachmachen. Die Länder, welche sonst den Kaisern zuständig, waren weg. Und niemand wollte ihm andere geben. Damit ich wieder auf den Kaiser Conrad komme, so verdienet das von ihm besonders angemercket zu werden, daß er das Königreich Burgund, welches man damals regnum Arelatense hies, und den ganzen Strich, vom Rhein an, bis an die Rhone und Italien begrieffen, oder deutlicher zu reden, einen Theil von der Schweitz, Dauphine, Provence und Savoyen, zu Deutschland gebracht hat.

Zum

grav. Thüring. Beim Pistor. p. 1304. 1366. 1367. in einer Urkunde Gysila, ingleichen Gisala. Desgleichen beim Miræo in notit. eccles. Belg. p. 275. Gisla.

(t) Cuspinianus an beregter Stelle schreibet: Kaiser Conrad habe vom Pabst Johann dem 18. den Segen empfangen, und sete von iedermann für einen Röm. Kaiser ausgeruffen worden. Andere nennen den damaligen Pabst Johann den 19. S. Hermann Contract. beim Pistor. Tom III. p. 275.

(u) Dieses will ich hier in einer kurzen Anmerkung etwas deutlicher machen. Kaiser Carl, mit dem Zunamen der Kahle, legte den Grund zum Burgundischen, oder

Zum Erzkanzler dieses Burgundischen Reiches soll er den Erzbischoffen zu Trier ernennet haben, wie einige fälschlich erzählen. Und der Herr Andreas Lazarus vom Imhof irret sich im zweiten Theil seines neu eröffneten Historien Saals gewaltig, wenn er S. 151. saget, daß der Kaiser Conrad den Erzbischoffen von Cöln zum Erzkanzler des Arela-

oder wie es vom Königlichen Sitz benennet wird, zum Arelatensischen Reich. Er schenkte solches dem Bosoni, seiner Gemahlin, Bruder. Darauf hat dieses ansehnliche Reich immer seine eigene Könige gehabt. Es war damalen Rudolph der dritte, der faule genannt, der lezte König von Burgund. Er verstarb ohne Erben. Vor seinem Tod verordnete er, daß K. Heinrich, sein naher Anverwander, das Burgundische Reich in Besitz nehmen sollte. Dem Kaiser Heinrich war des Burgundischen Königs Schwester Sohn. Die Verordnung, oder daß ich mich eines lateinischen Ausdrucks bediene, die donatio mortis caussa, wurde von den Proceribus regni Burgund. bestättiget. Als aber Kaiser Heinrich, vor dem König Rudolph, verstarb, wollte solcher diese Schenkung wiederruffen. Unser Conrad suchte deswegen auf den Rudolph loszugehen; denn vielleicht hat er sich mit der Gisela deswegen vermählet, damit er das Burgundische Reich an sich bringen mögte. Er kam nach Basel und stellte sich, in das Burgundische einen Einfall zu thun. Es wurde aber durch die Vermittelung der Gemahlin des K. Conrads, welche des Burgundischen Rudolphs Schwester Tochter war, die Sache so geschlichtet, daß Rudolph sich bequemte die Donationem mortis caussa auch auf K. Conrad kommen zu lassen. Und diß ist die Ursach, daß, als Rudolph auf das Todenbett kam, er dem K. Conrad 1032. die Lanceam S. Mauritii, als das insigne regni Burgundici (andere setzen aus Unwissenheit die Burgundische Krone) überschickte, und ihn dadurch, nebst seinen Prinzen, zum Nachfolger im Burgundischen Reich ernennte. Darauf wurde er von den Burgundischen Reichsständen angenommen und gekrönet, und ihm von allen Unterthanen gehuldiget. Grav Otto oder Eudo von Campanien, den einige einen Graven von Braband nennen, widersezte sich zwar K. Conraden; allein er wurde bald gedemüthiget. Das Königreich Burgund wurde also dem deutschen Reich unterworffen, und hat man daher die Rechte des Römisch deutschen Reiches auch auf dieses Königreich geleitet. Nach und nach wurde es dem deutschen Reich wieder entzogen. Und eine solche Beschaffenheit hat es damalen mit dem Burgundischen oder Arelatensischen Reiche gehabt.

Arelatensischen Reiches bestellet habe, und wo er noch mit ausdrücklichen Worten hinzusetzet: **Der diesen Titel noch heut zu Tag führet.** Daß dieses ein wichtiger Fehler seie, das wissen schon Schüler in den niedern Klassen. Der Herr von Imhof hat vielleicht an statt Cöln, schreiben wollen, Trier. Aber, dem ohngeachtet, wäre dieses ein historischer Schnitzer. Die Römischen Schriftsteller, und mit denenselben viele andere, sagen zwar durchgängig, es seie zun Zeiten K. Conrads der Trierische Erzbischoff zum Erzkanzler in Arelatensischen Reiche bestellet worden: es kann aber dieses mit tüchtigen Gründen nicht erwiesen werden. Mann kann aus unverwerfflichen Stellen und Zeugnissen darthun, daß zun Zeiten K. Conrads, der Erzbischoff von Vienne Erzkanzler im Königreich Arelat gewesen ist. Trier ist erst unter dem Kaiser Rudolph, aus dem Hause Habsburg, dazu gekommen.

Die Kriege, welche unser K. Conrad geführet, werden von den Geschichtschreibern hin und wieder beschrieben. Ich halte es also für unnöthig, solche hier zu wiederhohlen. Doch, nur eins will ich hier anmerken. Es hatten die Mailänder einen Aufstand erreget: deswegen wurde K. Conrad genöthiget dahin zu gehen, um sie zu Parn zu treiben. Er würde ohnfehlbar sehr hart mit ihnen umgegangen seyn, wenn nicht der Erzbischoff zu Cöln, Piligrim, unter dem Vorwand, als wäre ihm der heil. Ambros erschienen (x) den Kaiser besänftiget hätte. Die so genannte Geistlichkeit hielte er werth; doch liese er ihnen die Flügel nicht zu lange wachsen. Er drückte ihr den Daumen zimlich auf das Aug. (y) Diesen Umstand habe ich mit Fleis angemerket.

Von seinen Staatsfehlern, wohin unter andern die Verschenkung der Markgravschaft Schleswig gehöret (z); ingleichen von einigen legibus

(x) Siffrid. Presbyt. Epitom. Lib. I. Beim Pistorio Tom. III. p. 1036.

(y) Lairiz im Römischen Pabstthron S. 430. §. 8.

(z) Conring will in Zweifel ziehen, ob es *cum omni superiotate* geschehen; es stehet aber solches im Chronico Holsatiæ ausdrücklich.

bus feudalibus (a) welche von ihm herkommen, will ich nichts gedenken. So viel aber will ich hier sagen, daß zu dieses Kaisers Zeiten, die Pfalzgraven entstanden sind. Sie wurden gesezet, die Kaiserlichen Einkünften zu verwalten, und in Abwesenheit des Kaisers das Recht zu sprechen. Die vorhergehenden Kaiser hatten zwar auch ihre exactores fisci; sie hiesen aber noch nicht Pfalzgraven (Palatini.) Und wenn ja einige diesen Namen führeten, so war doch das ganze Werk, noch in keine rechte Ordnung gebracht. Dabei aber war eine besondere Staatsursach, warum man die Pfalzgraven verordnet. Die Sachsen waren überaus schlau. Und da man sich befürchtete sie mögten Kaiserl. Gütter an sich ziehen: so sezte deswegen Kaiser Conrad, nebst seinen Prinzen Heinrich (b) in allen Provinzien einen, oder auch wohl zwei, welche auf die Kaiserlichen Rechte genau Acht haben mussen. In Sachsen wurde ein Grav

(a) Der ältere Schutzfleisch und Schilter wollen ihn auch die Constitution von dem Römerzug zueignen, wie dann der erstere in einer besondern Abhandlung hiervon geschrieben. Gewies hat er es nieche behaupten können.

(b) Die meisten Römischen Schriftsteller nennen ihn Heinrich den zweiten, denn sie rechnen Henricum aucupem nicht mit, weil derselbe nicht zu Rom gekrönet worden. Er heiset sonsten niger, weil er ein sehr schwaches Haar hatte. Ferner Henricus cum barba, wegen seines grosen Barts; Pius von seinen pieken Stiftungen. Gottofred. Viterbiens. ein Chronographus selbiger Zeit Part. XLVI. Chron. p. 487. will behaupten dieser Heinrich, wäre Conradi II. Schwiegersohn gewesen; allein es ist von den neuern Geschichtskundigen schon dargethan worden, daß er dessen Prinz gewesen ist. Ich will davon noch einen Beweis angeben, weil solcher von den Geschichtskundigen, so viel mir bewußt, noch nicht ist angeführet worden.

In des Miræi *notit. eccles. Belgii* p. m. 275. befindet sich eine Urkunde von dem Kaiser Heinrich dem dritten, einem Prinzen K. Heinrich des zweiten, allwo es unter andern also lautet: Cujus petitioni annuentes pro æterna animæ nostræ seu *progenitorum nostrorum* remuneratione, *Conradi* videlicet *avi nostri*, *Giselæ aviæ nostræ*, *Henrici patris nostri*, *Agnetis matris nostræ* &c.

Grav von **Wettin** hiezu verordnet. Und so wurden auch in Schwaben und Thüringen solche Pfalzgraven eingesetzet. Der Pfalzgrav in Rheinischen Landen war der fürnehmste. Und dieses aus zweierlei Ursachen. Einmal, weil darinnen das fürnehmste Palatium, nämlich Achen lag; und dann, weil hierinnen die Kaiser ihre ansehnlichsten Gütter hatten. Er wurde deswegen, als ein dux betrachtet. Und von dieser Zeit an, nennte er sich Ducem Palatinum de Rheno; welches ich nur im vorbeigehen melden wollen.

Ferner müssen wir noch bemerken, daß unser Kaiser Conrad, nach dem Bericht des Wippo, legem durissimam Saxonum bestättiget hat. Hiedurch verstehet man insgemein das Vehmgericht, oder die heimliche Inquisition, die K. Carl der grose in Westphalen eingeführet. Da nun dieses Gericht auch in Sachsen sollte in Gang gebracht werden: so hat man solches erst bestättigen lassen. Und dieses that unser K. Conrad.

Daß weiter unter diesem Kaiser, die Landgraven zu Thüringen sind nicht bestellet worden, wie einige behaupten wollten, (c) und

(c) Hieher gehöret unter andern M. Friedrich Wilhelm Strübner, in seiner Dissert. histor. prim. *de Burggrafiatu Norimbergensi p. 7. seq. §. 4. sub fin.*

Eben diesen historischen Schnitzer machet *Levinus* von Ambeer in seiner Einleitung zur teutschen Europäischen Staatshistorie S. 118. denn er schreibet daselbst: „Zu Zeiten Kaisers Conradi Zeiten, nemlich A. 1039. ist „Thüringen Ludovico Barbato, der Kaiserin Giselä Hofmeister, erstlich un„ter eines Vizthumbs, hernach aber unter eines Graffen Titul gegeben worden. Wenn der Verfasser dieser Worte sich recht umgesehen hätte, so würde er gewies nicht so geschrieben haben. Der Mönch von Reinhardsberg sagt, es wäre Ludouicus cum barba, zu Conradi Falici Zeiten, nach Thüringen gekommen; und das ist richtig. Aber daraus folget noch nicht, daß er just zum Graven gemachet worden. Als er aus dem Exsilio, in welchem er sich den Bart wachsen lassen, (daher er barbatus genennet wird) zu Kaiser Conrad II. gekommen: so bekam er von demselben etliche wenige Oerter zu Lehen. Diese waren das, von ihm erkauffte Dorff, Altenberg, und die nahe dabei gelegene

legene Ländereien, welche im Diplomat. das Wilhelm Ernst Tenzel in Supplement. II. histor. Gothan. p. 414. §. 383 seqq. anführet, und wo diese Erzählung sogleich widerleget wird, noualia genennet werden. Ferner gehörte auch dazu ein Stück vom Thüringer Wald. Hieraus aber lässet sich noch nicht schlüssen, daß er der erste Landgrav worden; noch weniger aber, daß er das Kaiserliche Richteramt überkommen.

enn es hatten die Graven von Orlamünd und die von Würzburg noch sehr viel darinnen zu sprechen. Uber das lebte noch Eckhard, welcher sehr mächtig war, und das Richterliche Amt verwaltete. Es gehet also die Meinung dieser neuern Schriftstellern wider die Worte der Urkunde. Es wird darinnen mit ausdrücklichen Worten gesaget, der erste Landgrav wäre zun Zeiten Kaisers Lotharii II. gemachet worden. Und dieses war Ludouicus III. der dieses Kaisers Lotharii Prinzessin zur Gemahlin hatte. Siehe des hochberühmten Herrn Hofraths von Falkenstein Thüringische Chronick 1. Theil 1. Buch S. 623. u. f. ferner dessen *Analecta Thuringo-Nordgau.* zehende Nachlese S. 316. u. f. Herrn Secret. Johann Zach. Gleichmanns Historische und Politische Remarquen, von denen Thüringischen Erbhofämtern S. 2. u. f. ingleichen eben desselben also betitelte: erläuterte historische Wahrheit von denen 12. Thüringischen Grafen, welche vom Kaiser Lothar. II. dem ersten Landgrafen in Thüringen, bey Aufrichtung des Landgrafthums Thüringen, zu Erb und Hofbeamten, constituiret worden. Ferner dessen kurze doch gründliche Anmerkungen nebst einigen freymüthigen Erinnerungen, wieder des Herrn Hofrath von Falkensteins Vorbericht über den dritten Theil seiner *Antiquit. & memorabil. Nordgau. vet.* und wieder die zehende Nachlese seiner *Antiquit. Thuringo-Nordgau.* Bei welcher Gelegenheit ich mich bei diesen zweien berühmten Männern für das in ihren gelehrten Schriften, nämlich der Herr Hofrath von Falkenstein in seinen Analect. 12. Nachlese S. 491. und Herr Secret. Gleichmann im 26. Stück seiner Staats und Kaiser Gespräche S. 94. beigelegte, wiewohl unverdiente Lob, hier öffentlich meinen gebührenden Dank abstatte. Wir kommen nun wieder auf die Landgraven von Thüringen. Es waren die Nachfolger Ludwigs mit dem Bart durch Ankaufung verschiedener Gütter immer mächtiger worden. Das richterliche Amt wurde van den marchionibus versehen; wie aber dieselben, ingleichen auch die Würzburger ausstarben: so kam selbiges erst unter Kaiser Lothario an dessen Schwiegersohn, Ludwig den dritten, nebst dem Titel eines Landgravens. Siehe hievon Herrn Höns

 und

und daß zu dieser Zeit die Abtei Fulda ihren Aduocatum (d) oder Schutz und Schirmvoigt abgekauffet, das ist in den Geschichtbüchern allschon weitläuftig abgehandelt worden. Endlich starb unser Kaiser Conrad bei Utrecht im Jahr 1039. am 4. Junii (e) und wurde auch daselbst begra-

und Schlegels Schriften. Herr Hön hat eine Geschichtsuntersuchung geschrieben, in welcher alles deutlich zu ersehen ist. Er beweiset darinnen bündig, daß nicht Ludwig mit dem Bart, sondern Ludwig der dritte, der erste Landgrav in Thüringen worden.

Und Herr Schlegel hat bei seinen nummis Antiq. Isenac. Nordhus. Mühlhus. & Weisenseens. eine Abhandlung, in welcher von dieser Sache auch geredet wird. Besiehe auch Herrn Hofraths Gonne Dissertat. *de Formula ducatus Thuring.* p. 46. n. d. p. 49 n. g. allwo ein Stück von dem diplomat. Conradi II. zu lesen ist. Er wird daselbsten Ludouicus barbat. vom K. Conrad II. *consanguineus* genennet. Herr Tenzel hält dafür, er seie ein Franke gewesen. Man kann aber darthun, daß er aus dem Carolingischen Stamm entsprossen gewesen. Er wird daher in einem Chronico, welches Pistorius heraus gegeben, Comes Aurelianensis genennet. Auch die Graven von Vermandois wurden Aurelianenses genennet. Dieses waren Carolinger von der Mutterseite, und also auch Ludwig der bärtige. S. Tenzeln, Sagittar. und andere mehr.

(d) Ich behalte hier mit Fleis das Lateinische Wort. Es waren sonsten die Klöster von der weltlichen Obrigkeit ganz abgesondert und die Kaiser gaben ihnen Aduocatos oder Kastenvoigte, die auf die weltliche Rechte acht haben musten. Die Abtei Fulda wuste sich bei dem Kaiser Conrad so einzuschleichen, daß es ihr erlaubt wurde ihren Aduocatum zu erst abzukauffen, damit der Abt die Jurisdiction ausüben könnte. Daher kommt es, daß dieser Abt so mächtig, und unter keinem Bischoff stehet; dafür aber jährlich dem Pabst 60. Ducaten bezahlt. S. *Browerus in Antiq. Fuldens.* l. 3. c. 17. & l. 4. c. 12. allwo das Diploma zu lesen, in welchem der Kaiser Conrad die Abtei von dem Aduocato lossprickt und so gleich bestimmet, wie viel dieselbe dafür bezahlen sollte. Ingleichen Christian Franz Paullini *diss. de variis monasteriis pag.* 112. Überhaupt aber kann von den Schutz und Schirmvoigten der Klöster nachgelesen werden Paullini *discursus, de Aduocatis & oeconomis monasticis*, Beckii *diss. de triplici aduocatia imperatoris ecclesiastica.* Sealander an beregter Stelle p. 15.

(e) S. *Pauli Eberi Calendar. histor. conscript.* p. 195. *Sethi Calvisii Chronol.* p. 782. *Abrahami Bucholceri index chronolog.* p. 312. wo letzterer sogleich anmerket, daß einige

begraben. Zu Speier hat er zwar die Stiftskirche zu bauen angefangen, er brachte sie aber nicht zu Stande. Nach der Zeit ist erst sein Cörper dahin geführet worden.

Ehe wir von unsern Kaiser Conrad zu dem Erzbischof Piligrim übergehen, müssen wir zuvor etwas von dem Zunamen dieses Kaisers gedencken. Die Geschichtschreiber haben ihm den Beinamen *Salicus* gegeben. Die Gelehrten sind bis diese Stunde noch nicht einig was solcher zu bedeuten habe. Der belobte Herr Professor Köhler meinet in seiner Reichs-Historie, das Wort Salicus müsse von dem alten Fränkischen Wort Salig oder Selig, welches so viel als edel bedeutet, hergeleitet werden. Und Münster in der angeführten Stelle sagt so: „Keyser „ Conrad ist kommen im fünfften Glied von Hertzog Conraden den „ grossen Keyser Otten Tochtermann der Saliquus ward genannt von „ der Sicambern Zeiten här, von welchem etlich Gesatz kommen seind, „ die man Salices nennt und sunderlich in Franckreich ward ein Gesetz „ gemacht, das man Salicam nennt rc.

Andere sagen, er habe seinen Namen a terra salica, einem Strich Land, welcher an das Geldrische und Brabandische stößt, und von denen

populis

einige fürgeben, Kaiser Conrad seie am 4. Julii gestorben. Und wenn wir der Grabschrift des Kaisers trauen dürfen: so hat er, nach unserm Kalender, am 6. Julii das Zeitliche gesegnet; denn es heist daselbst: *Conradus II. Imp. obiit anno Domini 1039. pridie Non. Iulii. Caspar Bruschius in Catal. Episc. Spirensium* sezet die Grabschrift so: *Anno Domini 1039. Conradus II. Imperator secunda Nonas Iulii obiit.*

PROAVVS IACET ISTIC.

Seine Gemahlin die Gisela folgte ihm am 15. Februarii 1043. Sie liegt neben ihm zu Speier begraben. Auf ihrem Grabstein stehen diese Worte:

XV. KL. Martii Gisela Imperatrix Obiit.

HIC PROAVI CONIVNX. Brusch. l. c.

Mich wundert, daß Herr J. H. D. in seinem denkwürdigen Rheinischen Antiquario diesen Umstand nicht berühret, da er doch sonsten alle Kleinigkeiten mitgenommen.

populis Saliis, welche um selbige Gegend wohneten, also genennet, daher erhalten, weil er daselbsten gebohren worden. Wiederum andere geben für, er hätte seinen Namen wegen der palatiorum, welche damalen Saalae hiesen, bekommen. Mir gefället die Meinung derer am besten, welche sagen, Kaiser Conrad wurde wegen des Salflusses in Franken, Salicus benamset, weil er von Geburth ein Franke war. Und dieses hat seine geweisten Wege. Es ist ohnstrittig, daß das Wort Salicus, so viel, als Francus, bedeutet. Bei den Schriftstellern mittlerer Zeiten wird solches allezeit an statt Francus gebrauchet. Nur fragts sich, warum dieser Kaiser einen Zunamen bekommen? Diese Frage wird leicht zu beantworten seyn. Es waren damalen zwei Herzoglich Fränkische Familien. Diese theilten sich in die Kärnthische und Fränkische Linie. Die eine davon hatte den grosen Wormsergau innen. Sie hatten daselbsten ihren Sitz, weswegen sie Duces Wormatienses sind genennet worden. Die zwei Herzoge, welche die Kärnthische und Fränkische Länder beherrschten, führeten einen Namen und waren zwei Vettern. Dieses ist unser **Conrad**, von dem wir hier reden, und **Conrad**, Herzog in Kärnthen. (f)

Damit man nun diese beide Herzogen von einander unterscheiden mögte, so wurde unser Kaiser Conrad, *Salicus*, der **Franke** genennt, weil er aus der Fränkischen Linie und unter derselben der erste war, der auf den Kaiserlichen Thron gekommen. Sonsten heisset er auch Conrad oder Cunz der grössere, zum Unterscheid Conrads oder Cunzens des jüngern, welches seines Vaters Bruders Sohn war (g) dessen

(f) Siehe Wippo l. c. p. 424. sq. Sonsten wurde auch das Herzogthum Franken damalen in das obere und niedere eingetheilet. Aus dem Pallast, den die Herzoge zu Worms hatten, lies der oben angeführte Bischof Burcard ein prächtiges Collegium Canonicorum S. Pauli machen, wie uns Brusch in Catol. Episcop. Wormat. p. m. 111. berichtet.

(g) Siehe des hiesigen berühmten Herrn Prof. Reinhards Einleitung zu den Geschichten des Deutschen S. 138. und dessen Einleitung zu den weltlichen

sen Bruder, der Heil. Bruno, Bischoff zu Würzburg gewesen ist. (h)

Und dieses wäre von dem Kaiser Conrad genug. Nun müssen wir von dem Erzbischof Piligrim etwas sagen. Bei diesem können wir kürzer gehen; zumalen, da wir in den Geschichtbüchern, sehr weniges von ihm aufgezeichnet finden. (i)

Pili-

chen Geschichten der vornemsten Staaten S. 338. Der oben angeführte Herzog in Kärnthen, wird insgemein ein Herzog genennt; in der That aber war er ein Markgrav. Markgrav und Herzog bedeutet also hier einerlei. Vielleicht ist er wegen seiner ansehnlichen Familie also genennet worden. Einige Geschichtschreiber wollen behaupten, dieser Herzog seie Baiern unterworfen gewesen; allein das kann nimmermehr bewiesen werden. In Kriegssachen stunde er unter Baiern; sonsten aber hatte er ihm nichts zu befehlen. Denn kein einziger Comes oder Marchio war Vasallus Ducis.

(h) Brusch im *Catal. Episcop. Herbipol. p. m.* 158.

(i) Es wäre zu wünschen, daß wir von allen Erz- und Bischoffthümern in Deutschland eine ausführliche Nachricht aufzuweisen hätten. Bruschens Sachen wollen es eben nicht ausmachen. Der in meinen wenigen Abhandlungen schon öffters angepriesene Herr Hofrath von Falkenstein hat sich, und wenn er auch sonst nichts geschrieben hätte, dadurch einen unsterblichen Namen erworben, daß er uns von dem im Nordgau gelegenen Bischoffthum Eichstädt eine sehr vollständige Nachricht geliefert hat. Wir dürfen dieser vortreflichen Arbeit um so mehr trauen, weil hochgedachter Herr Hofrath alle Nachrichten aus dem ansehnlichen Archiv zu Eichstädt genommen. Es hat zwar den Herrn Hofrath ein gelehrter in Eichstädt wegen dieser Historie anzugreifen gesuchet; er hat aber den verkapten Verfasser, dieser aus lauter Passionen verfertigten Schrift, der sich deswegen nicht getrauet, seinen Namen vorzusezen, in der eilften Nachlese seiner Thüringischen und Nordgauischen Alterthümern S. 398. nach seiner Art, das ist, treflich heimgeschickt; so, daß man dieser Zeit, nichts mehr von ihm zu sehen bekommen. Keiner von den Eichstädtischen Gelehrten hat sich an diese Arbeit machen mögen oder können; und da es ein fremder gethan, so haben sie schele Gesichter dazu gemacht.

Pilligrim, den Münster an beregter Stelle S. 720. Pelegrin und der Verfasser des *magni chronici Belgic.* beim Pistorio Theil 3. S. 108. und 109. Pilegrin und beim Wippo in vita Conradi II. Pelegrin und Pilegrin, ingleichen *Siffridus Presbyt.* in epitom. beim Pistorio Tom. III. p. 1036. und 1091. wie auch die *Compilat. chronolog.* beim Pistorio an angeführter Stelle p. 1091. Peregrin (k) nennen, folgte dem ersten Erzbischoffen dem H. Heribert, (l) in der Regierung. Herr Drümel im denkwürdigen Rheinischen Antiquario S. 742. schreibet, daß sich dieses im Jahr 1022. soll zugetragen haben.

Miraeus in notitia ecclesiarum BELGII p. m. 143. schreibet, Heribert Erzbischof zu Cöln seie am 6. Martii 1021. verstorben, und beruft sich

(k) Am besten schreibet man Pilligrim; denn so stehet es auf unserer Münze, und in den Urkunden; und hierauf darf man gehen. Ich merke wohl, woher es gekommen, daß die Schriftsteller diesen Cölnischen Erzbischoffen, bald Pilligrin, bald *Peregrin* nennen. Pilligrim ist nichts anders, als unser deutsches Wort Pilgrim oder Pilgram oder Pilger. Dieses bedeutet eigentlich einen jeden Menschen, der ausser seinem Vaterland, an einem fremden Ort sich aufhält; oder in der Fremde wallet. Sonsten wird auch dieses Wort von denen gebrauchet, die aus Andacht, oder ein Gelübd zu erfüllen, an einen heiligen Ort reisen. Dieses Wort ist vielleicht von dem Lateinischen *Peregrinus* endstanden. Diejenigen, welche unsern Erzbischoffen *Peregrinum* nennen, haben sich eines Lateinischen Worts bedienet, und Pilligrim durch *Peregrinum* übersezt. Sonsten finden wir noch verschiedene Bischöffe und Gelehrte, welche diesen Namen gehabt und wovon das Zedlerische Universallexicon im 28. Band S. 182. ingleichen die unpartheiische Kirchenhistorie welche 1735. zu Jena heraus gekommen, S. 1117. a. kann nachgesehen werden. Und in des berühmten Herrn Dechants Georgi kommt im 4ten Stück seiner belobten Uffenheimischen Nebenstunden ein *Pilligrinus* de Buchheim für. In Miraei Notit. eccles. Belg. kommt in einer Urkunde p. 406. Pilegrinus Patriarcha Aquileiensis für.

(l) Der berühmte Herr Rector Hager nennet ihn im zweiten Theil seiner ausführlichen Geographie S. 580. Hubert; und bemerket dabei das rechte Sterbjahr dieses Erzbischoffs.

sich auf die Lebensbeschreibung dieses Erzbischoffs, welche Rupertus ein Abt im Kloster Duiz, gegen Cöln über, verfertiget, und vom Surio ist bekannt gemacht worden. (m) Hieraus folget, daß dieses Cölnische Erzbischoffthum fast ein ganzes Jahr nicht besezet worden, welches eben nicht glaublich, oder der Erzbischof Piligrim ist schon 1021. zur Regierung gekommen. Münster giebet das 1020. Jahr an; er ist aber irrig, und mit ihm Herr Drümel. (n)

Hübner im fünften Theil seiner kurzen Fragen aus der Politischen Historie S. 727. ist auch unrecht berichtet worden, wenn er daselbst schreibet, daß dieser Erzbischoff 1022. bis 1036. in allen 14. Jahr auf dem Erzbischöfflichen Stuhl gesessen hätte. (o) Denn Piligrim ist ganz gewis

(m) So schreibt Miræus an besagter Stelle. Allein die Sache verhält sich ganz anders. Das Leben des Erzbischoffs zu Cöln, des Heil. Heriberts, hat Lambert, ein Mönch im gedachten Kloster Duiz verfertiget und Rupertus Abt in eben diesem Kloster interpoliret, welches Bolland mit Noten in actis sanctorum heraus gegeben. Vom Surio ist mir keine Ausgabe bekannt, so viel ich weis, als daß dieser vitam S. Henrici imperatoris in vitis sanctorum hat bekannt gemachet. Paul. Lang. monach. chron. Zitizens. beim Pistor. T. III. p. 1130. fället von diesem Ruperto dieses Urtheil: Et de Ruperto abbate Tuicensis cœnobii, quod in opposito vrbis Agrippinæ, in altera parte Rheni situm est, diuinarum scripturarum interprete clarissimo - - - propter incredibilem eruditionem suam a Friderico Coloniens. Archiepisc. in Abbatem Tuicensis monasterii est sublimatus.

(n) Die Verfasser des Basler und des allgemeinen Zedlerischen Lexicons haben den gleichen Chronologischen Fehler begangen. Jene im fünften Theil S. 783. und diese im 28. Band S. 283. desgleichen das allgemeine historische Lexicon T. 3. S. 381.

(o) Dergleichen Chronologische Fehler begehet Hübner an beregter Stelle S. 725. mit dem Vorfahrer dieses Erzbischoffs, dem H. Heribert, wenn er fürgibt, dieser Erzbischoff hätte 24. Jahr regieret. Es sind nur 21. Jahr. Den Beweis davon nehme ich aus dem catalogo archiepiscoporum coloniensium vetustissimo, der im D. Hahns ersten Theil Collect. monumentorum S. 385. befindlich ist. Es lautet

gewis 1021. auf den Erzbischöfflichen Stuhl gekommen. Ich will dieses mit zwei unverwerfflichen Stellen aus dem *magno chron. Belg.* beim Pistorio Theil 3. S. 108. erweisen. Es heisset daselbst zu Ende des beregten Blats also: Venerabilis Pilegrinus creatus est tricesimus primus Pontifex (p) Ecclesiæ Coloniensis An. Domini MXXI. Pontificatus Benedicti Papæ octaui Anno XII. præfuit annis XVI.

Und

lautet daselbst S. 389. also: Tricesimus sanctus Heribertus. Sedit annis viginti & vno. Man siehet also hieraus, daß der Hübnerischen Zeitrechnung in Erzbischöfflich Cölnischen Historie nicht zu trauen ist. Eben so unrichtig und verworren siehet es auch in der Zeitrechnung anderer Historien aus. Es solte nicht viel Mühe kosten, so wollte ich etliche hundert Exempel beibringen. Unterdessen verdienen die Bemühungen des seligen Hübners dennoch ihr Lob.

(p) Es war um dieselbe und in den folgenden Zeiten etwas ganz gewöhnliches, daß die Bischöffe sich *Pontifices* und ihre Bischöffliche Aemter *pontificatus* nennten. Beim Miræo *in Donationibus Belg. p.* 509. befindet sich vom Erzbischoffen zu Cöln, dem Bruno, vom Jahr 1193. ein Diploma, allwo es am Ende heiset: Acta sunt hæc anno Domini millesimo centesimo nonagentesimo tertio, *pontificatus nostri* anno secundo, und im *Chron. magno Belg.* beim Pistorio Tom. III. p. 2. heiset: Beatus maternus, primus *sedem pontificialem* Colon. Agripp. adeptus. Sedit in pontificatu Coloniensi - - p. 3. heiset es: Tunc beatus maternus eligitur Tungrensis Episcopus a populo, anno Domini centesimo primo *Pontificatus* sui Treuirensis anno decimo p. 4. post quem insignis per legitimas successiones sanctitate & gratia pollentes Trevirorum *pontifices* extiterunt. p. 143. Venerabilis pater Hermannus ordinatus est ad *regimen Pontificiale* Coloniens. Eccles. Anno Dom. MLXXXIX. Pontificatus Vrbani anno secundo. Und im *chron. Germ.* Lib. XIII. beim Pistor. T. II. p. 781. stehet: *Pontifex* Moguntinus, ille bonus vir - - - Und Æneas' Syluius lässet sich in seiner so betitelten Germania c. 17. so vernehmen: Quo circa ingentes referre gratias apostolice sedi Ratisponensis ecclesia debet, que talem sibi pastorem dedit, qualem nunc nec Colonia recusasset. Nam cum *Theodoricus Coloniensis ecclesie pontifex* anno abhinc secundo &c. Wer mehrere Exempel haben will, darf nur *Pistorii Script. rerum German.* durchlesen. Wenn wir in die Röm. Alterthümer

schen

Und gleich darauf heiset es: Durandus, imperatoris Henrici Cancellarius creatus est Episcopus Leodinensis & XLIX. cum B. Materno, Anno Dom. *MXXI. videlicet eodem anno, quo & Pilegrinus creatus est Episcopus Coloniensis.* Hermannus Contractus beim Pistor. Tom. III. p. 273. schreibt bei dem Jahr 1021. also: Heribertus Coloniæ Agrippinæ Archiepiscopus, vir magnæ Sanctitatis, hac vita discedens, multis miraculis claruit; cui Piligrinus successit. Marianus Scotus beim Pistor. T. III. p. 649. ad ann. 1036. Piligrinus. episc. Coloniensis obiit, pro quo Hermannus constituitur. Und Sigerbert. Gemblacens. in chronographia bei dem Jahr 1021. Pilegrinus Heriberto in Episcopatu succedit. Wider diese Zeugnisse wird wohl niemand etwas einzuwenden haben. Ich kann aber hievon noch einen Beweis angeben. Im Jahr 1021. stifftete der Kaiser Heinrich das Benedicktiner Kloster auf dem Mönchberg zu Bamberg. Bei dieser Feierlichkeit war unser Piligrim, als Erzbischoff zu Cöln, gegenwärtig. Folglich kann er nicht, erst ein Jahr darnach, zum Bischoffthum gelanget seyn.

sehen, so wird es uns gar begreiflich, warum sich die Bischöffe *pontifices* nenneten. Der zweite Römische König Numa Pompilius führete zu erst das ius sacrum ein. Er sezte Sacerdotes, verordnete Ceremonial Geseze, wie es bei den Opfern und den Gottesdienst sollte gehalten werden. Und so ordnete er auch das Collegium Pontificum an. Dieses waren gleichsam Kirchenräthe, welche über das ius und Ceremonias sacrorum halten musten. Und in diesem Verstand kann man die Bischöffe und Erzbischöffe Pontifices nennen. Uber diese Pontifices wurde der Pontifex Maximus gesezet; und das ist eben, was unser Pabst ist. Der Herr Hofrath von Falkenstein führet im ersten Theil seiner Nordgauischen Alterthümer pag. 98. verschiedene Meinungen an, warum diese Personen sind Pontifices genennet worden. Am natürlichsten klingt wohl diese Erklärung, wenn man sagt: Pontifex ist so viel, als *qui ponti præficiebatur.* Denn, weil die Heiden gewohnt waren, ihre Gözen auf Brücken zu sezen, so hatten oben genannte Personen die Aufsicht darüber bekommen; daher sie nachgehends den Namen, *Pontifices*, erhalten. Ubrigens merke ich hier noch dieses an, daß die Prædicata papæ, Pontificis, Patris damalen allen Bischöffen gemein waren.

seyn. Und daß sich dieses in der That also verhalte, das gibt uns Paul. Lang. monach. *in chron. Zitlcens.* beim Pistor. Tom. III. p. 1137. unter dem Jahr 1021, in folgenden Worten zu vernehmen: Fundauit & idem Henricus ibidem monasterium ordinis sancti Benedicti (scil. Babenbergæ) in monte - - - - præsentibus Aribo Moguntinensi & *Piligrino Coloniensi Archiepiscopis & aliis.* Und also bleibt es ausgemachet, daß Piligrim im Jahr 1021. zur Regierung gekommen. Von seiner Jugend kann ich weiter nichts sagen, als daß es ihm überaus hart gegangen. Er muste, als ein armer Schüler, sein Brod für den Thüren ersingen. Als er einstens zu Hildesheim am Thor der Bischöfflichen Residenz ein Lied abgesungen hatte, so sagte der Bischof Bernwardus zu seinen Bedienten: **Der Erzbischoff von Cöln ist vor der Thüre, gehet hinaus und führet ihn herein.** Die Bedienten kamen wieder, und sagten daß niemand vor der Thüre wäre, als ein armer Schüler. Der Bischoff aber sagte: **eben dieser ist ein zukünfftiger Erzbischoff zu Cöln.** Hierauf muste der Knabe an seiner Tafel mit ihm speisen und dem Bischoffen, bei seinem Abzug, versprechen, daß er in Cöln seine erste Messe für den armen Bernward lesen wollte. Dieses schreibet Hübner im siebenden Theil seiner kurzen Fragen aus der politischen Historie S. 727. Gleichwie aber Hübner ein groser Liebhaber von Mährlein war: so scheinet auch diese Erzählung mehr eine Fabel, als eine wahrhaffte Begebenheit, zu seyn. Wer alle Theile von des Hübners Historischen Fragen gelesen, wird mir Beifall geben. Wie es unsern Erzbischoffen weiter ergangen, davon schweigen die Schriftsteller.

Sonsten treffen wir ihn in verschiedenen Urkunden, als Italiänischen Erzkanzler, an. So heiset es in einer Urkunde, welche Kaiser Conrad 1035. dem Bischoffen zu Parma, ausfertigen lassen und beim *Vghello in Ital. sacr. Tom. III. p.* 166. auch zweien andern, bei eben demselben Tom. III. p. 210. 211. Hermannus *vice Pillegrimi Archiepiscopi* recognouit, und in andern mehr. So wird auch dessen in verschiedenen Urkunden Kaiser Conrads des zweiten gedacht, woraus zu ersehen, daß dieser Erzbischoff

schoff bei diesem in ziemlichen Ansehen gestanden ist. Herr Köhler führet zwar in seiner gelehrten Abhandlung, *de familia augusta Franconica* verschiedene Urkunden von dem Kaiser Conrad an, weil aber dieser, darinn der Erzbischoff Piligrim fürkommt, so viel mir wissend, nicht ist gedacht worden, so will ich solche hieher setzen. Es ist solche vom Jahr 1034. worinnen Kaiser Conrad das Kloster S. Gisleni in seinen Schutz nimmt. Es lautet aber also: Chuonradus (q) diuina fauente clementia Romanorum imperator augustus.

Nouerit omnium Dei fidelium nostrorumque vniuersitas, qualiter nos pro remedio animæ nostræ, nepotisque nostri tertii Ottonis & Henrici antecessoris nostri Imperatoris, qui illum locum in tuitionem suæ imperatoriæ auctoritatis susceperunt, interuentu dilectæ coniugis nostræ Gisalæ imperatricis augustæ & nostræ prolis Henrici

(q) Es schreibet sich Kaiser Conrad in den mehresten Urkunden. Sonsten nennet er sich Chunrad, Cono, Cuno, Chuno, Chuono, wie dieses der ehemalige berühmte Rector zu Weisenburg M. Döderlein in einem programmate, *quo imp. Conradi Salici Praeceptum, Weissenburgi traditionem a Duce Alemanniæ, Ernesto II. factam concern. recenset.* Eine vollständige recension von dieser Abhandlung und der darinnen befindliche Urkunde liefern uns die Fränkischen *acta Eruditorum*, neunte Sammlung S. 631. obige Urkunde ist auch in Herrn Rathleffs Geschichte iezt lebender Gelehrten Tom. VII. S. 12. von Wort, zu Wort, zu lesen. Man besehe auch Gottfried Leonhard Baudis, *monogrammatum imperatorum ac regum germanicorum a Carolo M. vsque ad excessum Conradi III. analysin & vsum in probationibus* p. 44. §. 27. Herr Köhler in *diss. de familia august. Franc.* p. 34. Münster l. c. In dem *Chronico Episcopor. Mindensium* beim Pistor. Tom. III. p. 825. schreibet sich dieser Kaiser Chonradus. In P. Maichelbecks *histor. Frising. Tom. I. p.* 227 und 229. kommen zwei Gebots und Schenkungs Briefe von diesem Kaiser für. Am ersten ist eine bleierne Bulle, wo im Umkreis zu lesen: *Chuonradus DI. G. Romanor. im. ✝ aug.* S. Herr Köhlers Münzbelust. T. 16. S. 363. auf dem Siegel, welches Beckmann in der Anhaltischen Historie Tom. I. Tab. I. weiset, befindet sich Conradi II. gekröntes Bildnis, sitzend auf einem Stuhl, mit dem Globo in der Rechten, welches gar selten zu sehen, und einem Stabe, mit dem Vogel in der Linken.

Henrici Regis, *Piligrimique Archiepiscopi Coloniensis*, nec non & Gerhardi Cameracensis Præsulis, atque Gosilonis Ducis (r) nec non Abbatis Poponis (s) Stabulensis pauperi monasterio, in honore S. Mariæ sanctorumque Apostolorum Petri & Pauli constructo, vbi pretiosus confessor Christi Gislenus corporaliter iacere videtur, prædia a Christi fidelibus concessa, vel adhuc concedenda per hanc nostram imperialem paginam confirmamus.

Burcardus Cancellarius, vice Pardonis Archicapellani, recognoui. Data V. Nonas Maij, anno Dominicæ incarnationis millesimo tricesimo quarto, Indictione (t) II. anno autem Domini Chuonradi secundi regnantis XII. Imperii vero VII. Actum Ratisponæ. Eben diese Urkunde befindet sich in Miræi donationibus Belgicis p. 383. fast von Wort, zu Wort. Sie ist an einem Jahr und an einem Tag ausgefertiget worden. Am Ende sind sie sehr weit von einander unterschieden. Hier in dieser Urkunde stehet, daß solche im 12. Jahr seiner Regierung und im siebenden Jahr seines Kaiserthums seie ausgefertiget worden; dort aber heiset es daß solches im zehenden Jahr seiner Regierung, und im achten Jahr seines Kaiserthums', geschehen seie. Ich will diese Urkunde ganz hersetzen, damit meine Leser sehen können, in wie weit diese, von jener, unterschieden ist. Sie lautet aber also :. In nomine sanctæ &

(r) In den alten Urkunden heiset er auch bisweilen *Gothilo Magnus*, und war Dux Lotharingiæ superioris seu Mosellanæ inferioris: Er starb 1044. S. *Mira, Donat. Belg. p.* 49. und 385. Da nun dieser mächtige Herzog dem Erzbischoffen zu Cöln weit nachgesezet wird: so kann man leicht sehen, daß die Erzbischöffe damalen einen grosen Vorzug, für den weltlichen Fürsten, gehabt haben.

(s) Heiset bisweilen auch Poppo. Im *martyrologio Romano* 25. *Ianuarii* wird sein gedacht.

(t) Von den Indictionen hat der Herr R. Elend in Halberstadt eine sehr gelehrte Abhandlung geschrieben, welche in des berühmten Freibergischen Rectors, Herrn Bidermanns *selectis scholasticis Vol. II.* Fasciculo p. I. 372. von Wort, zu Wort, zu finden ist.

& individuæ Trinitatis CHVONRADVS, divina favente clementia, Romanorum Imperator Augustus. Vbicumque locorum ecclesias, à Christi fidelibus constructas, vel aliquid addendo, vel addita confirmando juvamus, nobis id regnique nostri stabilitati prodesse non dubitamus.

Qua propter nouerit omnium Dei fidelium nostrorumque vniuersitas, qualiter nos pro remedio animæ nostræ, nepotisque nostri tertii OTTONIS, & HEINRICI antecessoris nostri videlicet Imperatoris, qui illum locum, ad Dei Servitium ibi confirmandum, in tuitionem suæ Imperatoriæ auctoritatis susceperunt; interventu ac petitione dilectæ conjugis nostræ GISALÆ videlicet Imperatricis Augustæ, & nostræ prolis HEINRICI Regis, PILIGRIMIQVE Archiepiscopi Coloniensis, nec non & GERHARDI Cameracensis ecclesiæ Præsulis, atque GOSILONIS Ducis, nec non Abbatis POPONIS Stabulensis, pauperi monasterio, in honore S. Mariæ Sanctorumque Apostolorum Petri & Pauli constructo, ubi pretiosus confessor Christi GISLENVS corporaliter jacere videtur, prædia à Christi fidelibus concessa, vel adhuc concedenda, præcinctum etiam loci ipsius in giro, à flumine videlicet Wamy usque ad viam, ubi magna crux statuta est, & inde ad alterum fluviolum, qui Aneton appellatur, & ut ipsum præcinctum in circuitu loci totum teneat, quo usque ad flumen magnum Hagnam perveniat.

Similiter quoque infra ipsum præcinctum in villa Hornutum omni quarta feria mercatum esse, per hanc nostram Imperialem paginam confirmamus; atque ipsum locum omniaque ipsi pertinentia, more antecessorum nostrorum, in nostram tuitionem accipimus, & præcipiendo præcipimus, ut nullus Dux, Marchio, Comes, sive aliqua major minorum judiciaria persona ipsum monasterium inquietare, aut aliquid de rebus sibi pertinentibus auferre præsumat. Et ut hæc nostræ ingenuitatis auctoritas stabilis & inconvulsa omni post hinc permaneat tempore, hoc praeceptum inde conscriptum manu propria confirmantes, sigilli nostri impressione jussimus insigniri.

Signum Domini CHVONRADI invictissimi Imperatoris Augusti.

Burcardus Cancellarius, vice Pardonis Archicapellani, recognovi.

Data V. Nonas May, anno Dominicae Incarnationis millesimo tricesimo quarto, Indictione II. anno autem domini Chuonradi secundi regnantis X. Imperii verò VIII. Actum Ratisponae feliciter, amen.

Wir kommen nun wieder zu unsern Piligrim. Der öfters angezogene Wippo machet eine kurze Beschreibung von ihm, wenn er gleich zu Anfang sagt: Eo tempore (scil. Conradi II.) Archiepiscopatum Moguntinensem rexit Aribo, natione Noricus, nobilis & sapiens, aptus regalibus consiliis: Coloniensem vero *Archiepiscopatum Pelegrinus tenuit*, consanguineus Aribonus, *providus, & ad id officium idoneus.* Unter seine wichtigsten Verrichtungen wird dieses besonders gerechnet, daß er dem Prinzen, Kaiser Conrads, den Heinrich zu Achen, weil es in seiner Diöces lag, gekrönet hat, nach dem Zeugnis der *compilat. Histor.* beim Pistor. Tom. I. p. 1091. Huius filius (scil. Conradi Salici) in regem vnguitur in Aquisgrani, per *Peregrinum*, Coloniensem Archiepiscopum. (u) Endlich starb dieser Erzbischoff 1036. zu Niemengen, also im 16. Jahr seiner Erzbischöfflichen Regierung nach dem Zeugnis des *Hermanni contracti*, (x) *Mariani Scoti* und der *Annal. Hildesheimens.* Seinen Ster-

(u) Siehe Lambert. Schafnaburg. ad h. an.

(x) Hermannus contractus schreibet bei dem Jahr 1036. p. 279. also: Piligrinus Coloniensis Episcopus decessit, eique Herimannus Ottonis II. imperatoris ex filia nepos successit. Und Lambert. Schafnaburg beim Pistor. Tom. III. p. 317. bei besagten Jahr: Pilegrinus Coloniensis Archiepiscopus obiit, cui Herimannus successit.

Sterbetag sezet der *Analista Saxo Eccardinus* auf IX. Kalend. Sept. oder nach unsern Kalender zu reden, am 24. August. *Miraeus in Donat. Belg. p.* 385. und die Verfasser des Basler Lexicons irren demnach, wann iener 1037. und diese 1096. als das Sterbjahr dieses Erzbischoffs angeben. Und ist also auch Münster in der oben angeführten Stelle unrecht dran, wenn er fürgibt, Hermann Erzbischoff zu Cöln seie dem Pilgrim schon im 1035. Jahr in der Regierung nachgefolget. Und der Herr J. H. D. in seinen denkwürdigen *Antiquario* des Rheinstroms ist auch übel berichtet worden, wenn er S. 742. sagt, der Erzbischoff Piligrim habe in allen 14. Jahr regieret. Im *Magno Chron. Belg.* aber beim Pistor. *Tom. III. p.* 113. befindet sich eine Stelle, welche uns zu widersprechen scheinet. Sie lautet also: Venerabilis Hermannus Coloniae XXXII. ordinatus Episcopus, Anno Domini MXXXVII. Dieser Herimann folgte dem Piligrim in der Erzbischöfflichen Regierung. Hieraus machen wir den Schluß, daß der Erzbischoff Piligrim, entweder 1037. das zeitliche mit dem ewigen verwechselt, oder wenn es 1036. im Monath August, geschehen ist: so ist der Erzbischöffliche Stuhl etliche Monath lang nicht wieder besezet worden. Ich gebe hier das leztere zu. Denn wir haben so viele glaubwürdige Schriftstellen, welche das 1036. bestimmen. Und mich dünkt, Miraeus ist dieser angezogenen Stelle, aus dem magno chron. Belg. gefolget. Vielleicht dachte er, weil Herimann 1037. zur Regierung gekommen: so mus sein Vorfahrer wohl auch im selbigen Jahr gestorben seyn. Welcher Schluß aber nicht richtig ist. Und dieß wäre von dem Erzbischoff Piligrim genug.

Wir kommen nun auf die Hauptfrage: Warum dann auf dieser Erzbischöfflichen Münze der Kaiserliche Name anzutreffen? Es lässet sich diese Frage, wie mich dünkt, überaus schwer beantworten; zumalen

successit. Der Analista Saxo Eccard. ad hunc annum, wie auch chronograph. Sax. Leibnit. nennen diesen Herimannum nobilissimae indolis juuenem, wie solches monachus Brunvillerensis in vita Ezonis Palatini umständlicher darthut.

len, da es uns an hinlänglichen Urkunden, der dasigen Zeiten, fehlet. Es kommt hier auf Muthmassungen an, die ich meinen Lesern eben nicht aufdringen will.

Es ist diese Münze ohnstrittig eine der ältesten, welche wir von den deutschen Erzbischoffen aufweisen können. Und wenn wir den Zustand der Römischen Kaiser und der Erz und andere Bischöffe um selbige Zeit genau betrachten: so bekommen wir ein kleines Licht, warum hier auf dieser Münze des Kaisers Name befindlich ist. Damalen sind die Erzbischöffe und Bischöffe, ja auch die Päbste, (y) von den Kaisern, bis auf den Heinrich, erwählet und bestättiget worden.

Ja selbsten unser Piligrim wurde vom Kaiser Heinrich, dem zweiten, als ein gemeiner Dorfpriester zum Erzbischoffen in Cöln gemachet. Und unser Kaiser Conrad hat ebenfalls sehr viele Erz und andere Bischöffe eingesezet, wovon ich nur ein einziges Exempel, nämlich den Rotho oder Rothard, Bischoffen zu Paderborn, (z) anführen will, welche Bischöffe damals etwas rechts zu bedeuten hatten. Sie behaupten ihr Recht über sie; so auch über den Pabst und über die Stadt Rom. Wie dann unser Kaiser besonders der Bischöffe Hochmuth gehemmet und bestraffet hat. (a)

Im

(y) Ich will zum Beweis dessen nur eine Stelle aus dem Lambert. Schafnaburg. hieher sezen. Er schreibet bei dem Jahr 1048. also: Imperator natalem Domini Polethæ celebrauit. Ibi legati aderant Romanorum, Suitgeri Papæ obitum nunciantes, eique successorem postulantes: quibus Imperator Bopponem Prisnienfem (Brixiensem) episcopum assignauit, Babenbergensem vero Episcoporum Hezekin Cancellario tradidit. Bes. auch *Hermann. Contract. ad ann.* 1048.

(z) *Brusch in Catol. Episcop. Paderbornensium p. m.* 218. b. S. auch den *Catal. Episcop. Curiensium p.* 25. und zwar den Bischoff Hartmann.

(a) Auch sein Vorfahrer am Regiment, der Kaiser Heinrich, hielte steif und fest über die Einsezung der Bischöffe. Als seine Gemahlin die H. Kunigund, ohne sein Vorwissen, ihren Bruder, den Adalberonem zum Erzbischoffen zu

Trier

Ja wir finden, daß die Erzbischöffe zu Cöln fast durchgängig von den Kaisern sind erwählet und bestättiget worden. Der Verfasser des *Catalogi Archiepiscop. Coloniensium* beim Hahn *in collect. monument. Tom. I. p.* 390. schreiben bei dem Erzbischoffen Friedrich, zu Cöln: Fridericus, magis instantia predicti Imperatoris (scil. Henrici IV.) quam per electionem episcopatum adeptus. Er setzet gleich darauf, mit grosem Bedacht, hinzu: *Nam usque ad illud tempus Imperatores annulum & baculum dabant.* Und bei dessen Nachfolger, dem Bruno, meldet er: nec ipse canonice est Episcopatum adeptus. Das heist, auf gut deutsch, so viel: Auch dieser Erzbischoff wurde von dem Kaiser eingesetzt. Ferner haben wir hievon eine merckwürdige Stelle beim Helmondus Lib. 32. chron. Slav. allwo Kaiser Heinrich die gegenwärtigen Erz und andere Bischöffe also anredet: Dic ergo tu, *Moguntine*, quid exegimus aut recepimus, *quando te Moguntiæ præfecimus?* Tu quoque, *coloniensis, quid nobis dedisti pro sede*, cui nostra munificentia præsides? Porro dominus *Wormatiensis*, qualis a nobis susceptus &c. Und diese Einsetzung haben die Kaiser mit allem Recht fürgenommen, wie solches *Meibom* in der Abhandlung von der Belehnung der Bischöffe, und Conring in Diss. von der Verordnung der Bischöffe in Deutschland, desgleichen Lairitz im Römischen Pabstthron fürtrefflich dargethan haben. Hieraus können wir vielleicht den Schluß machen, daß die Erzbischöffe des Kaisers Namen gar auf ihre Münzen setzen müssen, und besonders darum, weil er ihnen die Münz-Gerechtigkeit verliehen hat. Daß schon um diese Zeiten denen Erz- und anderen Bischöffen die Münzgerechtigkeit ist verstattet worden, das hat seine Richtigkeit. Wir finden in *chron. episcop.*

Trier machte: so wolte der Kaiser solches nicht leiden, sondern jagte ihn wieder davon, und setzte an dessen Stelle den Adalbertum ein. Da nun nicht einmal die Gemahlin des Kaisers so etwas fürnehmen dürfen: so kann man sich leicht fürstellen, daß niemand anders sich wird unterstanden haben, dem Kaiser hierinnen einen Eingrif zu thun. Siehe *Paullini Diss. de variis monaster. Diss. IX. §. 14. p.* 59. wo er zugleich erzählet, mit was für Feierlichkeiten, die Einsetzung der Bischöffe, fürgenommen worden.

episcop. Mindensium apud Pistor. T. III. p. 825. daß eben unser Kaiser Conrad den damaligen Bischoffen zu Münden, den Siegbert, im Jahr 1031. in einem besondern Brief bestättiget, und ihm darinnen unter andern das Recht zu münzen mit verliehen hat. Es heiset daselbst zu Ende also: insuper etiam bannum nostrum & monetam, eidem ecclesiæ donauimus; und bald darauf: Et per se Episcopus nunc omnibus rebus suis nostro fideliter pareat imperio, & sub nostra desistat defensione, ut ceteræ Regnorum nostrorum Ecclesiæ & Episcopi. Und der Päbstliche Schriftsteller, der bekannte Onuphrius Panvianus in vita Gregorii III. spricht: Postquam iuris imperii facta eorundem Prælatorum electio, tum Cæsares, quemadmodum ceteri principes seculares, qui de religione bene mereri volebant, sine Imperii tamen præiudicio, ceperunt Episcopos & Abbates ob religionem tamquam potiora imperii membra, præ ceteris Laicis Principibus honorare, profana ditione & ingentibus opibus honestare, arces, oppida, vrbes, Ducatus, prouincias, pedagia, telonea, vectigalia, portoria, & multa alia, quæ imperii propria erant, Episcopatibus concedere &c. Wohin auch die Münzgerechtigkeit mit mus gerechnet worden. Und aus diesem Grund kann es gar wohl denen Erzbischöffen und andern Bischöffen anbefohlen worden seyn, daß sie der Kaiser auf ihren Münzen gedenken sollten, ohnerachtet wir eben keine Nachricht davon aufweisen können.

Sehen wir die Münzen der Erzbischöffe an, die, in den folgenden Zeiten, sind geschlagen worden, so wird es uns noch begreiflicher, warum hier von dem Bildnis des Erzbischoffs nichts zu sehen, und hingegen des Kaisers gedacht wird. Am allerersten kommen die Bischöffe und Erzbischöffe auf ihren Münzen stehend für. Nachgehends haben sie sich sitzend oder zu Pferd fürstellen lassen. Warum dieses geschehen, das erkläret uns der Herr Canzler von Ludwig in der Einleitung zum Münzwesen mittlerer Zeiten. „Anfangs spricht er, S. 107. haben, nämlich die Bischöffe, eine sitzende Stelle angenommen, damit „sie ja nichts dem Kaiser nachgeben. Denn ob man gleich solches bei

„den

„ den Bischöffen mit dem Lehrstuhl endschuldigen wollte, so konten sich „ doch dieses Grundes die Aebte und Aebtissin nicht bedienen, welche „ meistens auch sizend auf den Hohlpfennigen angetroffen werden. Und „ es ist ihnen um das Sizen so viel zu thun gewesen, daß sich eher die „ Stempel-Schneider in Pfennigen, da der Raum klein ist, martern „ und die Füsse von Nabel herausleiten müssen, ehe man die sitzende „ Stelle aufheben sollen. Wir wollen hierüber Herrn Schlegeln, in num. Abbat. Hersfeld. und den Herrn Schmid in Program. de nummis cathedral. edit. Jen. 1692. vernehmen. Dieser schreibet S. 5. also: in nummis bracteatis nihil frequentius, quam vt personæ ecclesiasticæ insideant vel sellæ, vel arcui (b) ponti, inter duas turres posito, *ad indicandam maiestatem, dominium & potentiam*, quam in quibusdam regionibus, quarum characteres sunt turres, habuere.

Und jener läst sich §. II. S. 14. vernehmen: in quibus scil. nummis inter duas terres sedent, *potestatem ecclesiasticam in templa*, quæ vix sine turribus visuntur, *nec non dominium seculare in oppida*, quæ turribus idem superbiunt, hoc signo denotantes. Und an einem andern Ort saget er: Turribus in nummis vsi sunt Episcopi olim, *ut imperatores imitarentur & iura summa sua in ædem monasterii ac reliqua templa, perinde ac dominium seculare in oppida sibi subiecta*, quæ utraque turribus ornari solent, demonstrarent. (c) Aus diesen zwei Stellen können wir nun leicht die Frage beantworten, warum hier auf dieser Münze der Erzbischoff, weder sizend oder stehend, noch reithend, fürkommt. Damalen haben die Bischöffe, so wohl in geistlichen als weltlichen Sachen, wenig

(b) In Herrn Köhlers Münzbelust. Th. 10. S. 209. befindet sich eine sehr ansehnliche Blechmünze des Erzbischoffs Wickmanns zu Magdeburg um die Jahre 1153-92. da dieser Erzbischoff auf einen dreimal ausgewölbten Bogen, zwischen zween Thürmen sizend, zu sehen ist. S. auch das *Numophyl. Burkhard.* zweiter Theil und anderer Band S. 939.

(c) Siehe Jo. Christ. *Olearii* Isagoge ad Numophylacium Bracteatorum sect. 2. §. 2. p. 18. Döderlein an beregten Ort S. 156. u. k.

wenig, oder gar nichts, zu sagen gehabt. Sie durften sich um nichts, als um ihre Messe, und sonsten um ihr heiliges Amt, bekümmern. Sie stunden blos von dem Kaisern, von welchem sie im Zaum gehalten worden. Man lese nur des sel. D. Cyprians **überzeugende Belehrung vom Ursprung und Wachsthum des Pabstthums** und zwar das 10te Capitel, darinnen er beweiset, daß die ersten Christlichen Kaiser das Episcopalrecht ausgeübet, und die Versammlungen ausgeschrieben. Ingleichen das 11te Capitel, allwo er darthut, daß ehemalen die Päbste denen Kaisern unterthänig gewesen und ihnen gehuldiget. Und so auch im 12ten Capitel, daß ohne Kaiserliche Bestättigung kein Pabst vor gültig erkannt worden, daß auch die Kaiser von Rechtswegen die Aufsicht über den Röm. Stuhl ausgeübet, Kirchen-Geseze gegeben, und die Päbste abgesetzet. Siehe S. 295. 307. 327. u. f.

Aimonius *in Gestis Francorum Lib. IV.* cap. 90. berichtet uns, daß der Kaiser, Carl der Grose, vom Pabst, Leo, dem dritten, angebeten worden. Der Pabst Gregorius nennte sich in einem Schreiben, an den Kaiser Moriz, **Staub und einen Wurm, den untersten Knecht** der Kaiser. Wordurch er sich also für den Kaiser auf das äuserste, und wie billig, gedemüthiget hat. (d) Und unser Erzbischoff Piligrim hatte es besonders nöthig, daß er sich für den Kaiser Conrad demüthigte. Denn Wippo am beregten Ort erzählet uns, daß dieser Erzbischoff von der Kaiserwahl weggegangen, als er gemerket, daß Herzog Conrad von Franken sollte zum Kaiser erwählet werden; er seye aber bald wieder gekommen und habe sich, quasi pro emendatione prioris culpæ, wie Wippo sagt, vom Kaiser Conrad ausgebeten, daß er seine Gemahlin zu

Cöln

(d) Besiehe meines grosen Gönners des hochberühmten Herrn Hofraths Pertschens Versuch einer Kirchenhistorie, zweites Jahrhundert S. 135. §. 16. und dessen *Elementa Iuris Canonici Lib. I.* Tit II. III. IV. V. Des sel. D. Weismanns *introd. in memorabil. Histor. Sacr. Tom. I. p.* 887. u f. Bei diesem fürtrefflichen Buch muß man sich wundern, daß der selige Herr Weismann der Emigration der Salzburger mit keinem Wort gedacht hat.

Cöln (c) krönen durfte; welches auch geschehn. Daher kann es kommen, daß man das Bildnis dieses Erzbischoffs auf dieser Münze, wie auf den andern Bischöfflichen Gepràgen, der folgenden Zeiten zu geschehen pflegte, gar nicht antrift, um seine Ehrerbietung gegen den Kaiser am Tag zu legen. Man darf sich aber nicht wundern, wenn man auf andern Bischöfflichen Münzen zu Ende des 11ten und 12ten Jahrhunderts, den Kaiserlichen Namen nicht antrift, denn in selbigen Zeiten fragten der Pabst und die Bischöffe nicht viel nach den Kaisern, wovon Lairitz in seinem Pabstthron mit mehrern kann nachgelesen werden. (f)

Nur

(e) Die Verfasser des allgemeinen Historischen Lexicons sind demnach irrig dran, wenn sie Th. I. S. 1101. fürgeben, diese Krönung seie zu Aachen fürgenommen worden.

(f) In den neuern Zeiten ist es eben so ungewöhnlich nicht, daß die Bischöffe, wie auch die Aebte und Aebtissinnen, auf ihren Münzen des Kaisers gedacht haben. Ich will, zum Beweis dessen, hier etliche Exempel anführen. Herr Köhler führet in dem Vorbericht zum fünften Theil seiner Münzbelustigungen einen Thaler von dem Bischoffen zu Strasburg, Johann, Graven von Manderschild an, da auf der Hauptseite der Kaiserliche Titel und der Reichs-Adler zu sehen ist. Urban von Trenbach, Bischoff zu Passau lies 1569. einen Thaler schlagen, da auf der Hauptseite der zweiköpfigte Reichs-Adler zu sehen ist, mit der Umschrift: Maximil. I. Imp. Aug. P. F. Decret. S. Köhlers Münzbelustizung Theil 14. S. 369. Joseph Mohr, Bischoff zu Chur lies 1628. Thaler prägen, wo die erste Seite den zweiköpfigten Reichs-Adler weiset. Lilienthal S. 159. n. 505. Köhler Theil 13. S. 65. und im 16ten Theil S. 249. finden wir einen Thaler von Marquard von Hattenstein, Bischoffen zu Speier, vom Jahr 1571. wo der vordere Theil den zweiköpfigten Reichsadler enthält, mit der Umschrift: Maximil. Rom. Imp. Semp. Aug. Auf einem Thaler des Bischoffs zu Eichstädt, Johann Christophs von Westerstetten trift man den zweiköpfigten gekrönten Reichsadler, mit dem Reichsapfel auf der Brust an, mit der Umschrift: Ferdinandus II. Rom Imp. Semp. Aug. Besiehe das Numophylacium Burckhard. Tom. II. p. 80. n. 176.

Melchior Zobel von Guttenberg, Bischoff zu Würzburg, der auf Anstiften Wilhelm von Grumbach ermordet wurde, führet auf der Hauptseite seines Tha-

lers,

Nur fragt sichs hier noch, was das Kreutz auf dieser Münze zu bedeuten habe? Wenn wir die alten Münzen durchsehen, so finden wir, daß es gar gewöhnlich war, daß man ein Kreutz auf dieselben gesetzet. Schon König Carl der Kahle, in Franckreich, hat im Jahr 854. den Befehl

lers, den er 1554. verfertigen lassen, den zweiköpfigten Reichsadler, mit der Umschrift: Carol. V. Rom. Imp. Semp. Aug. S. das Numophyl. Burckh. Tom. II. p. 102. n. 235. Conrad III. von Thüngen, Bischoff zu Würzburg hat auf seinen Thalern auch den Reichsadler, mit der Überschrift: Carol. V. Rom. Imp. Aug. S. Köhlern Theil 15. S. 17. Und so machte es auch der Bischoff zu Lüttich, Gerhard, Freiherr von Großbeck, und der Bischoff zu Basel, Wilhelm, desgleichen Johann, Bischoff zu Gurk. S. das Numophyl. Burckhard. Tom. II. p. 86. n. 194. S. Allienthal p. 147. n. 495. p. 151. n. 509. p. 153. n. 517. seq. Der Cardinal und Bischoff zu Costanz, Marx Sittich von Hohenems hat auch seinen raren Thaler, welcher 1573. zum Vorschein gekommen, den zweiköpfigten Reichsadler, mit der Umschrift: Max. II. Dei Grat. Imp. Aug. P. F. Decreto.

Auch von Erzbischöfflichen Münzen, besonders von den Salzburgischen und Bremischen kann ich noch einige solche Exempel beibringen. So wird in dem *Numophylacio Burckhard.* zweiter Theil p. 62. eines Erzbischöfflich Bremischen Thalers gedacht, allwo auf der andern Seite der zweiköpfigte Reichsadler, mit dem Reichsapfel auf der Brust, darinnen 32: Rudol. II. Imp. Au. p. f. Decreto. Besiehe auch p. 66. n. 145. die Magdeburgischen Thaler. Köhl. Tom. IV. præf. a. 2. das Lilienthallische Thalerkabinet p. 139. n. 462. Wer mehrere haben will, der lese nur das angezogene Thalerkabinet durch. Sonsten mus ich ein rares Exempel von einem Thaler anführen, welches von weltlichen Fürsten ist gepräget worden. Die vier Söhne des unglücklichen Churfürsten zu Sachsen, Johann Friederichs liessen in der Gefangenschaft ihres Vatters um die Jahre 1550 und 51. Thaler schlagen, da auf der Hauptseite Kaiser Carls des fünften geharnischtes Bildnis, mit der Umschrift: D. G. Carol. V. Rom. Imp. Aug. Siehe Köhlern Theil 9. in Vorrede §. 3. Wobei anzumerken, daß Markgrav Albrecht zu Brandenburg diesen Thaler zu einen Vorwurff, in seinem Manifest 1551. gegen den Kaiser gebrauchet, und als einen Beweisthum der unterdruckten Freiheit der deutschen Reichsfürsten angeführet, daß der Kaiser verboten, der Chur und Fürsten ihr Bildnis auf die Münzen zu setzen.

Befehl gegeben, daß auf die Münzen, die in seinem Reich würden gepräget werden, ein Kreutz sollte gesezet werden. S. Herrn Köhlers Münzbelust. Theil 5. S. 290. Und im 6ten Theil S. 385. befindet sich ein Mainzischer Goldgulden vom Jahr 1438. allwo auf der andern Seite ein groses Kreutz, daran das Churfürstl. Wappen. Im siebenzehenden Theil S. 145. kommt eine Münze von dem Erzbischoff, Hermann zu Cöln, vom Jahr 1482. für, wo auf der andern Seite auch ein Kreutz abgebildet wird. Im ersten Theil S. 41. und 49. siehet man einen Abdruck von zweien Münzen, welche der Knut, König in Engeland, Dänemarck und Norwegen in den Jahren 1017 und 1030. prägen lassen, und worauf zwei grose Kreuze zu sehen sind. Herr Köhler machet dabei S. 56. folgende Anmerckung: „ Was das Kreutz betrift, „ so auf der andern Seite zu sehen, so erscheinet fast dasselbe auf allen „ Münzen, so unter christlichen Völckern zu selbigen Zeiten geschlagen „ worden, eben zum Zeichen, daß sie sich zum Christenthum bekennten „ und darinnen ihre gröste Ehre suchten. Es waren auch damals noch „ keine Wappen, welche man jezt auf die Münzen präget ꝛc. Und eben diese Erklärung könten wir hiebei dieser Erzbischöfflichen Münze machen. Wir haben aber solches nicht nöthig. Wir können sagen, daß dieses Kreutz überhaupt ein Erzbischöffliches Kreutz; oder gar das Erzbischöffliche Cölnische Kreutz bedeute; denn dieses Erzstift führet ein Kreutz im Wappen. Herr Köhler sagt zwar, Theil I. S. 56. daß damalen die Wappen auf die Müntzen nicht gesezet worden; es ist aber nur von den Münzen weltlicher Fürsten zu verstehen. Diese Gewonheit kam erst bei den Kreutzzügen auf; allein die Bischöffe haben es vorher schon lang im Gebrauch gehabt, wodurch sie ihre Kirchen von andern unterscheiden wollten. (g)

Doch

(g) Siehe Döderleins Abhandlung *de nummis Germaniae mediae* S. 106. *Sperling de nummis bracteatis & cav. orig. epist. ad rev. Iacob. a Mellen.* p. 70. In Seeländers Abhandlungen finden sich S. 27. zwei Münzen vom Kaiser Otto, welche auf die nämliche Art gepräget sind.

Doch, ich habe auch nicht nöthig dieses zu behaupten. Es ist dieses, vielleicht, eine blose Erfindung der Münzmeister gewesen, und ihre eigene Eintheilung kann hieran Schuld seyn. Sie wollten auf den Münzen nicht gerne einen leeren Platz lassen; und da machten sie eine so genannte decussaturam cruciformem. Auf den Ottonischen und Carolingischen Münzen ist dieses was gar gewöhnliches, und wovon Seeländer kann nachgesehn werden.

Nun kommen wir auf die andere Seite unserer Münze. Da haben wir die Frage zu untersuchen, warum hier ein Tempel anzutreffen. Wenn wir uns auf den Münzen umsehen, so finden wir, daß wenn die Bischöffe eine neue Kirche baueten, oder einweiheten, sie gemeiniglich eine Kirche auf die andere Seite prägen liesen. S. Herrn Köhlers Münzbelustigung T. 4. S. 193. T. 5. S. 249. Und vielleicht hat bei einer eben solchen Gelegenheit der Erzbischoff Piligrim diese Münze schlagen lassen. Wir wissen aus dem magno chronico Belgico beim Pistorio T. III. p. 108. daß dieser Erzbischof ein neues Collegium errichtet, und die Kirche, welche sein Vorfahrer der H. Heribert, zu bauen angefangen, gar zu Stand gebracht habe. Die Worte lauten daselbsten auf der angeführten Seite also: Venerabilis Pilegrinus creatus est tricesimus primus Pontifex Ecclesiæ coloniensis An. Dom. MXXI. Pontificatus Benedicti Papæ octaui anno XII. præfuit annis XVI. Iste instituit Collegium sanctorum Apostolorum Coloniæ & ecclesiam per S. Heribertum antecessorem suum inceptam auxit & feliciter consummauit. Dieses bestättiget auch der Verfasser des Catalogi Archiepiscop. Colon. beim Hahn in collect monument: Es heiset da auf der 398. Seite so: Tricesimus primus Pilegrinus, Iste monasterium Colonie quod dicitur ad Sanctos Apostolos construxit, & congregationem XL. canonicorum illuc adunauit. Und bei dieser Gelegenheit hat er vielleicht diese Münze schlagen lassen. Doch, vielleicht hat dieser Tempel noch etwas anders zu bedeuten. Auf den Fränkischen Münzen, unter denen Carolingen, und auf den Sächsischen, unter

ter denen Ottonen, ist es etwas gewöhnliches, daß man Tempel oder Kirchen (h) antrift.

Dieses habe ich bereits oben angemerket. Und diese Tempel bedeuten den Schutz, den die Kaiser über die Kirchen haben; wie dann unter denen Carolingen sothane Bildung mit der Aufschrift: Christiana Religio, begleitet wird. Diese Gewohnheit ist in den folgenden Zeiten beibehalten worden, weil sie für die grösten Beschützer und Ausbreiter der Christlichen Religion sind gehalten worden. Und vielleicht wird durch den Tempel, welcher auf unserer Münze zu sehen, die Kaiserliche Schutz und Schirmgerechtigkeit, über das Erzstift Cöln, angedeutet. Noch etwas. Wenn die alten Fränkischen Kaiser und Könige Münzen schlagen liesen, so wurde sogleich der Ort auf die andere Seite der Münze gesetzet, wo solche ausgemünzet worden. Mit unserer Münze hat es gleiche Bewandniß. Cöln war in den alten Zeiten eine offene, ja Kaiserliche Münzstadt, und durch den Tempel mit der Uberschrift, Sancta Colonia, (i) wird die Erzbischöffliche Stadt Cöln angedeutet, wo unsere Münze ausgepräget worden.

Hiebei

(h) Der lezte König in Italien Berengerus II. lies auf seine Münzen auch einen Tempel und auf denselben ein Kreuz sezen. Und hierinn hat er es den Fränkischen Königen nachgethan. Doch darf man nicht glauben, daß solches aus einer Hochachtung gegen die Kirche geschehen ist; Denn er hatte wenig Ehrfurcht für dieselbe. S. Köhlern T. 1. S. 97. 13. Stück.

(i) Siehe Herrn Köhlers Münzbelustigung T. I. S. 205. Dieses Cöln heiset insgemein Cöln am Rhein, zum Unterschied Cöln an der Spree, welches derjenige Theil von der Stadt Berlin, worinnen der Königliche Pallast ist. Colonia bedeutet eigentlich einen Ort, welcher mit neuen Bürgern, von Fremden, ist besetzet worden. Unsere Stadt hat also deswegen diesen Namen erhalten, weil sie von einer Römischen Colonie ist angebauet worden. Sie heiset auch sonst, Caput oder Colonia Vbiorum, bisweilen auch Vbiopolis, von den Völckern Vbiis, welche am Rhein herum wohneten. Ingleichen Colonia Agrippina, oder Agrippinensis, von der Julia Agrippina, des Germanici Tochter, Kaisers Claudii Gemahlin, und des Ne-

 ronis

Hiebei entstehet die Frage: Warum hier dieser Ort *sancta Colonia* genennet werde, da doch auf andern Erzbischöfflichen Münzen, besonders auf Mainzischen, die um selbige Zeit sind zum Vorschein gekom-

ronis Mutter, welche daselbst ist gebohren worden, und davon Tacitus kann nachgesehen werden. Im chronico magno Belgico p. 102. heiset es: Colonia prius dicta Agrippina, ab Agrippa genero Augusti. Postea a Traiano, qui ibi ad imperium allectus, colonias ciuium Romanorum eo deduxit, dicta est Colonia. Diese Stadt ist seit 957. eine freie Reichsstadt, welche Freiheit sie von Ottone I. erhalten, dessen Bruder, der Bruno, ihr Erzbischoff war. Sie mus zwar dem Erzbischoff huldigen, allein in weltlichen Sachen hat er ihr nichts zu sagen. Siehe J. C. B. (vielleicht Bilderbeck) *Compendieuse* Staatsbeschreibung des Durchl. Weltkraises zweiten Theil S. 27. Drämels denckwürdigen Rhein. *Antiquar.* S. 740. *Aegid. Galenium de admiranda sacra & ciuili magnitudine Colon. Agripp. August. Vbiorum urbis* ingleichen *Conring. de vrbibus Germ. p.* 121.

Sonsten ist ein Chronicon von dieser Stadt fürhanden. Was davon zu halten, kann Zeiler im ersten Theil seines Deutschen Reisbuches c. 21. fol. 464. ferner dessen Briefe 2. Theil Brief DLXXVII. und XC. nachgesehen werden. Aegidius Galenius l c. lib. 1. synt. 12. meinet, daß weil dieses Chronicon keinen Verfasser habe, so müsse es von den neuern, und also zu verwerfen seyn.

Aeneas Sylvius machet in seiner *Germania* cap. XXIII. folgende kurze, jedoch nachdrückliche Beschreibung von Cöln:

Quid ea Colonia que de conjuge claudij, matre neronis, agrippina dicta est, & tria magorum offibus illustrata, nihil magnificentius, nihil ornacius, tota europa reperias. Templis edibus nobilis poplo insignis opibus clara plumbo tecta, pretoriis ornata turribus munita, flumine rheno & letis circum agris lasciuiens.

Es möchte jemand einwenden und sagen, wie ist es möglich, daß diese Münze zu Cöln gepräget worden, da doch diese Stadt, nach dem Bericht des Herrn von Günderode l. c. p. 896. §. 2. die Freiheit goldene und silberne Münzen zu schla-

kommen, allezeit und schlechtweg *ciuitas Mogunt:* befindlich. Diese Frage ist leicht zu beantworten. Cöln ist in den mittlern Zeiten fast durchgängig sancta Colonia genennet worden, und zwar deswegen, weil in keiner Stadt Deutschlandes mehr heilige und Heiligthümer begraben liegen und anzutreffen als in dieser. Würde hier der Platz zureichen, so könnte ich eine grose Anzahl von heiligen anführen, die zu Cöln begraben sind. So viel Heilige kann wohl kein Ort in Deutschland aufweisen.

schlagen, erst 1474. (Herr Köhler setzet im 18ten Theil der Münzbelust. in dem Vorbericht 1464.) vom Kaiser Friedrich dem dritten erhalten hat. So viel ist gewies, daß diese Stadt von dem angeführten Kaiser die Münzfreiheit erhalten, in soferne sie als eine freie Reichsstadt betrachtet wird; die Erzbischöffe aber könnten gleichwol in derselbigen münzen lassen, weil diese Stadt gewiesermassen unter ihnen stehet. Die oben angeführte Freiheit zu münzen, die der Kaiser Friedrich ertheilet, gehet also nur die Stadt an und für sich selbsten, und nicht die Erzbischöffe an. Diese Stadt hat nachgehends verschiedene Münzen prägen lassen. Ich besitze eine die unter dem Kaiser Leopold ist geschlagen worden. Auf der Hauptseite stehet man das Brustbild dieses Kaisers in der rechten Gesichtsseite, wo das Haupt mit einem Lorbeerkranz umgeben ist, mit der Umschrifft: LEOPOLDUS D. G. RO. IM. SE. AUG. Auf der andern Seite stehet im Umkreis: Mon. argen. civi. col. 1671. In der Mitte aber: XVI. I. REICHS THALER. Unten ist das Wappen dieser Stadt. Es ist solches von roth und silber quer getheilt, mit 3. neben an einander stehenden goldenen Kronen, wegen der heiligen 3. Könige, auf dem rothen, und 11. rothen Flammen auf dem silbernen, nämlich oben 4. alsdenn 5. und unten 2. Der berühmte Herr Rector Hager aber setzet l. c. 5. 4. 2. p. 586. Doch habe ich schon im Wappenbüchern dieses Cölnische Wappen auf die Art, wie es der berühmte Herr Rector beschrieben, angetroffen. Diese 11. rothen Flammen führet Cöln in Wappen, wegen den bekannten 11tausend Jungfrauen. Es solten also 11tausend Flammen im Wappen stehen. Doch, es sind in der That nur 11. Jungfrauen gewesen, wovon man die bekannte Begebenheit erzählet. Im sechsten Theil des erneuerten und vermehrten Wappenbuchs, welches 1705 heraus kam, ist fol. 15. das Cölnische Wappen befindlich, allein von 11. Flammen findet man nichts, son-

sen. Wir sehen also, warum diese Stadt auf unserer Münze sancta Colonia (k) genennet wird. Und so ist Cöln insgemein in den mittlern Zeiten benamset worden. Ich will hievon einige Exempel anführen. In magno chron. Belg. beim Pistor, stehet endweder sancta Coloniens. Agripp. ecclesia, oder Sancta ciuitas Colonia Agrippina (l) Und so wird auch fast in allen Urkunden, wenn von Cöln die Rede ist, das Wort sancta hinzu gesetzet. Herr **Hahn** führet in seinen *Collect. monument.* p. 206. eine Urkunde vom Erzbischoffen, Reinhold zu Cöln an, wo es gleich zu Anfang heiset: Reinoldus Dei gratia *sancte Coloniensis ecclesie* electus Episc. & Italie Archicancellarius — — Aeneas Sylvius an berührter Stelle c. 64. Scimus & Theodoricum *Sancte* Coloniensis ecclesie præsullem — — In Herrn Senators, **Daniel Eberhard Dolps, Nördlinger Kirchenhistorie,** und denen beigefügten Urkunden, heiset es Num. XX. also: Nos Heinricus Dei gra *Sancte* colonien. ecclie. archieps. *Paullin.* dissert. *de variis monasteriis* dissert. I. p. 9. Henricus diuina fauente clementia *sancte* ecclesiæ coloniensis Archiepisc. Dissert. V. §. 10. p. 53. Adolphus, diuina annuente clementia *sanctæ* ecclesiæ colonienſ. Archiepiscopus. p. 56. Philippus diuina fauente clementia *sancte* colonienſ. ecclesſ. Archiepiscopus — — In H. F. Avemanns

dern nur einige Zierrath, die vielleicht der Kupferstecher, nach seinem Einfall, hingemachet hat.

(k) Es sind auch Münzen vom Ottone und andern fürhanden, welche blos die Aufschrift, Colonia haben.

(l) Sonsten wird diese Stadt auch mit dem Zunamen Felix genennet, wie *Iacob. Vnrestus in Chron. Austriac.* beim Hahn *in collect. monument. Tom. I. p.* 575. saget. Es lautet also: da (nämlich zu Trier) ist ein Erzbischoue, und ist der Churfürsten ainer die ainen Römischen Kunig zu erwellen haben, und von der Stadt ist also geschryben: Sancta jerusalen, *felix colonia*, beata Treuerensis. Und in *Numophylac. Burckhard. Tom. II. p.* 183. *n.* 456. wird einer Cölnischen Münze gedacht, wo unten im Abschnitt diese Worte stehen: *O Fell. Col.* (O felix Colonia) S. auch Herrn Köhlers Münzb. Tom. I. p. 257. n. 257. Doch wird es in den alten Urkunden bisweilen nur schlechtweg Colonia ciuitas genen-

manns vollständiger Beschreibung der Reichs und Burggraven von Kirchberg, und den dabei befindlichen Anhang der Diplomatum No. 147. p. 147. vom Jahr 1280. Siffridus Dei Gratia *Sancte* colon. eccles. Archiepiscopus — — Und so haben wir auch eine Cölnische Münze allwo auf der andern Seite diese Worte befindlich: Gaude, felix. Agripina. *Sanctaque colonia.* S. Herr Köhlers Vorbericht zum 18ten Theil der Münzbelust. p. VIII.

Auf der andern Seite dieser Münze ist bei dem Tempel ein Stern zu sehen; welcher aber mehr einem Kreutze ähnlich siehet. Hiebei werfsen wir, nicht unbillig, die Frage auf, was solcher zu bedeuten habe.

Es ist auf Bischöfflich und Ertzbischöfflichen, auf Königlichen ja auch Kaiserlichen Münzen, was gar gewöhnliches, daß man auf denselben Sterne und Rosen antrift. Döberlein weiset in der angeführten Abhandlung mit denen dabei gefügten Kupfern num. 46. verschiedene solche Münzen vor. Herr Köhler zeiget im 17. Theil seiner Münzbelustigung S. 361. eine Münze von Wilhelm dem ersten, König in Engeland, zwischen denen Jahren 1067 und 87. da auf beeden Seiten des Brustbilds dieses Königes, Sterne anzutreffen. (m)

Warum

genennet. So haben wir eine Urkunde vom Kaiser Ludwig, da es zu Ende heiset: Anno incarnationis Domini MCCC. septuagesimo septimo sub piissimo rege Ludouico, anno imperii eius trecesimo sexto, apud *Coloniam ciuitatem*, quinto Kalend. Octobr. in ipsa dedicat. Basilicæ sancti Petri. Hier ist ein Fehler. Der Kaiser ist 876. am 26. Aug. verstorben. Es muß 870. heisen, an welchem Jahr diese Urkunde ist ausgefertiget worden. Denn im selbigen Jahr ist ein Synodus zu Cöln, auf Befehl dieses Kaisers, gehalten worden, wohin sich diese Urkunde beziehet, und davon die Annal. Fuldens. ad annum 870. nachzulesen.

(m) Eben diese Münze hat der Herr Professor Häberlein in Helmstädt auf seine Dissertation drucken lassen, die zu Göttingen 1745. unter folgender Aufschrift

Warum dieses geschehen, davon haben die Münzverständigen verschiedene Meinungen. Insgemein gibt man für, die Bischöffe hätten durch die Sterne und Rosen ihre Heiligkeit und Unschuld am Tag legen wollen. Und weil hier auf unserer Münze bei einem heiligen Gebäude, worüber die Worte, sancta Colonia, dieses geschehen, so hat diese Meinung einen ziemlichen Schein. Was haben aber die Sterne und die Rosen auf Kaiserlichen und Königlichen Münzen zu bedeuten? Wird dadurch die Heiligkeit derselben am Tag geleget. Ich glaube nicht. War dann der König Wilhelm der erste in Engelland ein so frommer Regent? Wir finden in den Schriftstellen nichts von seiner besondern Heiligkeit. Ich werde künftig eine Münze von dem Kaiser Friedrich dem ersten, den die ungetreuen Welschen den rothbärtigen genennet, vorbringen, da bei dem Brustbild dieses Kaisers ein Stern zu sehen, und dadurch ich aus eben dieser Münze die Meinung des grosen Gothaischen Gottesgelehrten, des seligen Cyprians bestärken will, wann er im oben angeführten Buch cap. 16. p. 395. behauptet, daß die Kaiser zu Rom, sonder Widerspruch, auch zu der Zeit münzen lassen, da sich die Päbste bereits hoch erhoben, welches ich nur im vorbeigehen melden wollen. Wir finden nirgends, daß dieser Kaiser Friederich für andern heilig gewesen. Doch, wenn man bedenket, daß die Kaiser überhaupt pii und piissimi sind benamset worden, so läst sich endlich diese Erklärung noch hören. Und vielleicht hat man durch diese Zeichen, die Unschuld und eine unbefleckte Regierung am Tag legen wollen. Wie man dann auch bisweilen Lilien und Oelzweige auf den Kaiserlichen Geprägen antrift. Mir gefällt die Meinung derer am besten, welche sagen, die Rosen und die Sterne, welche auf den alten Münzen zu sehen, seien nichts anders, als Zierraden, welche von den Stempelschneidern auf dieselben sind gemachet worden, nur damit gar kein leerer Platz auf denselben übrig wäre.

schrifft zum Vorschein gekommen: *Differtatio genealogico critica prima, de familia augusta Wilhelmi conquestoris regis Angliae, diplomatibus & optimis scriptoribus immixa.*

re. *Heineccius* schreibet in seinem Tractat *de sigillis* p. 105. also: Lilia, rotas, cruces, *stellas*, circulos ornamenti causa, ab artificibus male curiosis, ingenuisque, adiectas esse, quis neget? operam, credo, luderet, qui omnium flosculorum, *stellarum*, quadratorum, rhomborum, globulorum &c. allegoricas quasdam excogitare rationes vellet. Und der Herr Canzler von Ludewig, läßt sich an der beregten Stelle c. XI. §. 8. p. 104. so vernehmen: Ehe ich noch weiter gehe, so mus ich mit dieser Gelegenheit erinnern, daß die Alten nicht wohl zugeben, daß auf den Münzen fast nur das geringste Räumlein ledig geblieben, daher siehet man, ausser der Bildung, auf den Münzen, Creutze, Vierecke, Ringe, Rößlein, Lilien, Blätter u. s. w. Wie etwan dieses, oder jenes, zur Beschaffenheit des Bildes sich am besten gefüget hat. S. Döderlein S. 143. 117. Schlegel *de num. Hersfeld.* §. 10. S. 40. u. f. Eben eine solche Bewandniß mag es hier mit unserer Münze haben. Kann mich jemand eines bessern belehren, so werde ich es mit Dank annehmen.

Endlich habe ich meinen Lesern hier zwei überaus rare und besondere Arabische Münzen zur Untersuchung mittheilen wollen. Sie sind eben auch aus dem ansehnlichen Münzkabinet des Herrn Weihbischoffs zu Bamberg genommen, von dem, eben da ich dieses schriebe, ich die betrübte Nachricht erhalte, daß er unvermuthet in die Ewigkeit versetzet worden. Die eine davon ist gar merkwürdig. Man findet da auf der einen Seite einen imperatorem græcum mit der stola vna cum Christo. Ich getraue mir nicht zu endscheiden, wenn und von wem eigentlich diese Münzen sind geschlagen worden. Wenn der bekannte Kehrius noch am Leben wäre, wollten wir in vielen aus dem Traum kommen. Ich habe solche deswegen hieher setzen, und mir meiner Leser, sonderlich aber der Münzverständigen, Gedanken darüber ausbitten wollen. Doch, ehe ich schlüse, will ich nur mit wenigen meine Gedancken eröffnen, von wem vielleicht diese Münzen sind gepräget worden. Ich halte dafür, daß sie endweder zu den Zeiten der Comnenorum oder Angelorum zu Babylon, oder sonsten wo, sind ausgemünzet worden. Findet dieses nicht statt, so kann es vielleicht seyn, daß solche von denen Kaliphen, welche in Sicilien, vor der Ankunft der Normänner, ihre Regierung gehabt, sind geschlagen worden. Die Reihe und Ordnung von diesen Kaliphen kann man aus dem Paulo Diacono, Anastasio, Theophane, Cedreno, Joanne Curopalata, Joan. Zonara und andern ersehen, wovon auch die Bibliotheca Historica regni Siciliæ, welche vom Joanne Baptist. Carusio 1720. zu Palermo in etlichen Theilen in folio heraus gegeben worden, Theil 1. allwo verschiedene Chronica Saracenico-Sicula erscheinen, weitläuftig nachzusehen. Geschrieben, Erlang, am Tage Jacobi, war der 25. Julii, 1748.

www.ingramcontent.com/pod-product-compliance
Lightning Source LLC
Chambersburg PA
CBHW022038080426
42733CB00007B/883